Malestar y alienación digital

Influencia de la sobreinformación en las capacidades volitivas adolescentes

Nuria Román González

Master's Thesis

[September 2023]

Universidad CEU San Pablo

Supervisor: Raúl González Sánchez

Faber & Sapiens

Malestar y alienación digital
Influencia de la sobreinformación en las capacidades volitivas adolescentes

NURIA ROMÁN GONZÁLEZ

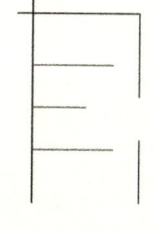

Ápeiron Ediciones

First Edition by Faber & Sapiens,
an imprint of Ápeiron Ediciones,
in 2024

Text copyright © Nuria Román González

© Faber & Sapiens
© Ápeiron Ediciones
C/ Príncipe de Vergara, n.º 132, planta 9
28002 Madrid
Tfno. (+34) 611 00 28 41
E-mail: info@faberandsapiens.com
http: www.faberandsapiens.com

Design and layout: Ápeiron Ediciones

ISBN: 978-84-129260-9-5
DL: M-24782-2024

A Ian, Maverick e India

Resumen

El presente trabajo realiza una investigación sobre la influencia del contexto de inmediatez e información masiva de la cultura digital en la capacidad volitiva de los jóvenes estudiantes. El desarrollo se vertebra en torno a las siguientes cuestiones: ¿son verdaderamente sujetos autónomos dotados de pensamiento crítico para poder tomar sus propias decisiones? Por otro lado, el incremento del índice de suicidios y la medicalización a edades muy tempranas nos advierten del malestar que en nuestra sociedad genera el miedo al fracaso. Justificaremos el carácter imprescindible de las disciplinas artísticas y de humanidades en la educación de nuestros jóvenes con una interpretación filosófica del resultado de los datos de la investigación, relacionándola con pensadores que han ensayado sobre la *techné* y otras cuestiones que aquí nos interesan. La constante innovación en el campo de la tecnología ha supuesto avances que incuestionablemente han mejorado la calidad de vida del ser humano. Pero la aparición de otras nuevas IA, *ChatGPT* es un caso, nos hacen plantearnos cuestiones muy importantes sobre los límites de estos avances: ¿qué impacto puede tener en los jóvenes usuarios? ¿Cuál debería ser el papel de la educación en nuestra era digital? ¿estamos asistiendo a un nuevo modelo de alienación?

Palabras clave: cultura digital, capacidad volitiva, información masiva, alfabetización digital, malestar, fracaso, humanidades, IA, ChatGPT.

Abstract

This paper investigates the influence of the context of immediacy and mass information of digital culture on the volitional capacity of young students. The development is structured around the following questions: are they truly autonomous subjects endowed with critical thinking to be able to make their own decisions? On the other hand, the increase in the suicide rate and medicalisation at a very early age warn us of the unease that fear of failure generates in our society. We will justify the essential nature of the arts and humanities disciplines in the education of our young people with a philosophical interpretation of the results of the research data, relating it to thinkers who have discussed *techné* and other issues of interest to us here. Constant innovation in the field of technology has led to advances that have unquestionably improved the quality of human life. But the emergence of other new AIs, ChatGPT being a case in point, raises important questions about the limits of these advances: what impact can they have on young users, what should be the role of education in our digital age, are we witnessing a new model of alienation, and are we witnessing a new model of alienation?

Keywords: Digital culture, volitional capacity, mass information, digital literacy, discomfort, failure, humanities, AI, *ChatGPT*

Contents

1. INTRODUCCIÓN

La motivación principal que nos ha llevado a elegir el tema de este trabajo es el interés como docente en analizar el contexto de digitalización en el que vivimos, con especial atención en el impacto que éste tiene en la vida cotidiana de nuestros jóvenes para reflexionar sobre esta problemática actual y plantear alguna perspectiva desde la que podemos abordar sus posibles riesgos o dificultades desde la educación: la falta de interés y de motivación en nuestras aulas.

El principal objetivo es justificar el carácter imprescindible de las enseñanzas artísticas y de humanidades en una alfabetización digital tan necesaria como inminente ante la constante innovación tecnológica de nuestros días y el uso cotidiano de las mismas por parte de nuestros adolescentes. No se trata de estigmatizar los avances tecnológicos sino de buscar una alternativa posible en la que educación e inteligencia artificial cohabiten para garantizar el bienestar de nuestra sociedad civil. Por esta razón más que nunca se hace fundamental educar para humanizar la vida en un contexto artificial que se desenvuelve en comunidades virtuales en el que la presencia del cuerpo, y con él los afectos y la capacidad volitiva de nuestros jóvenes, queda relegado a segundo plano. El incremento del índice de suicidios y la medicalización a edades muy tempranas nos advierten del malestar que en nuestra sociedad genera el miedo al fracaso. En una sociedad regida por el algoritmo de la subjetividad en las redes sociales, donde cualquiera puede convertirse en un guía espiritual del éxito y por la abrumadora información masiva, en muchos casos no rigurosa y mucho menos contrastada, es necesaria una correcta alfabetización digital en la cual es fundamental el papel de las enseñanzas artísticas y de humanidades.

Ofreceremos una propuesta de intervención en el aula en la que trabajaremos con recursos analógicos y digitales para lograr justificar nuestro principal objetivo, planteando un contexto de aplicación en el que se pueda manifestar de manera visible el carácter práctico de lo que se consideran solo saberes teóricos o memorísticos, en este caso trataremos nuestra especialidad, Filosofía.

De todo esto se deriva otro objetivo que es plantear la cuestión en torno a la metodología educativa. El aprendizaje competencial que demanda nuestra actual legislación educativa se hace posible sólo de la mano de una educación que tenga en cuenta la adquisición de ciertas competencias específicas. En nuestro trabajo se pretende plantear cómo es posible abordar este aprendizaje mediante los contenidos teóricos y las clases magistrales que se ofrecen en nuestra asignatura y su contexto de aplicación.

La estructura del trabajo se encuentra dividida en tres partes.

En el marco teórico ofreceremos datos de diferentes informes sobre salud, educación y la aparición de las nuevas tecnologías para ofrecer un marco conceptual sobre el estado de la situación actual de nuestros jóvenes. Interpretaremos los resultados de las investigaciones en clave filosófica relacionándolos con pensadores que han ensayado sobre estas y otras cuestiones que consideramos pertinentes. De este modo emplearemos una metodología argumentativa, esto es, el objetivo que pretendemos defender en nuestro trabajo no se sustentará en nuestras opiniones sino en los argumentos encontrados en los diferentes documentos bibliográficos citados a lo largo del mismo. Para ello recurriremos a fuentes bibliográficas de diferentes tipos: artículos de investigación publicados en revistas científicas indexadas, entrevistas a expertos de diferentes ámbitos, informes de organizaciones científicas y organismos oficiales, trabajos universitarios de investigación, así como libros de ensayo de diferentes filósofos y humanistas.

En la propuesta de intervención en el aula desarrollaremos una actividad programada para primer curso de Bachillerato que nos ayudará a exponer con claridad cómo llevar a cabo el objetivo de nuestro trabajo.

Concluiremos exponiendo el resultado de nuestra investigación, esto es, resolviendo si nuestro objetivo principal se ha justificado con éxito e invitando a una reflexión sobre este tema tan relevante y de actualidad.

2. Marco teórico

2.1. Informes y otros datos de interés

Comenzaremos nuestro trabajo exponiendo datos objetivos de diferentes fuentes para contextualizar la situación sobre la capacidad volitiva de los adolescentes de nuestro país en los últimos años.

La búsqueda de datos objetivos la desarrollaremos vertebrándola en dos puntos fundamentales en torno a esta cuestión:

- Salud mental y adolescencia: incremento del índice de suicidios, autolesiones y medicalización a edades muy tempranas
- Datos académicos: quienes son capaces de elegir o encontrar su vocación, ¿cómo eligen? ¿qué eligen?

2.1.1. Salud mental y adolescencia

La revista *Anales de pediatría* es una revista de difusión rigurosamente científica sobre investigación clínica de la Asociación Española de Pediatría. Su prestigio se debe a que está asociada a las bases de datos internacionales más importantes: Index Medicus/Medline, EMBASE/Excerpta Medica e Índice Médico Español.

En marzo del presente año, 2023, publicó un artículo titulado: "*Autolesiones y conducta suicida en niños y adolescentes. Lo que la pandemia nos ha desvelado*" un estudio descriptivo sobre el incremento de los intentos autolíticos y las autolesiones no suicidas (ANS) en niños y adolescentes en los últimos años. La investigación fue llevada a cabo por numerosos especialistas del campo de la psiquiatría y la pedagogía en diferentes puntos de la geografía española que nos ayudará a dilucidar la situación actual sobre el suicidio y las autolesiones en España.

En términos generales, el documento revela que en la actualidad existe un alarmante deterioro de la salud mental de nuestros niños y adolescentes, sobre todo con la aparición de la pandemia por SARS–CoV–2, y es que en 2020 ANAR (Fundación de Atención en Niños y Adolescentes en riesgo) incrementó la atención telefónica a menores con conductas suicidas en un 145% y en un 180% en el caso de autolesiones, incremento respecto al año 2018 y 2019.

El estudio sostiene que, entre el grupo de 15 a 29 años, la segunda causa de muerte es el suicidio. Cabe distinguir las casuísticas concretas en torno a esta cuestión:

- Ideación suicida
- Amenazas de suicidio
- Intentos de suicidio
- Suicidio consumado

Los investigadores manifiestan que según la Organización Mundial de la Salud (OMS), la prevención del suicidio es una preocupación mundial. En términos globales hay algunos estudios que indican que en torno al 70% de la población que muere por esta causa padece algún tipo de trastorno, generalmente depresión o trastorno bipolar y se da en gran parte de los países independientemente de su estatus económico.

El texto define las autolesiones como "un método disfuncional de regulación emocional" sin intención suicida que consiste en dañar el propio cuerpo. Este comportamiento puede responder a uno o a varios indicadores:

- Mecanismo de alivio o apaciguamiento de sentimientos negativos
- Mecanismo de autocastigo ante la culpabilidad
- Mecanismo de necesidad de refuerzo social positivo

Además, el estudio revela que aunque las autolesiones siempre se han asociado con algún tipo de trastorno, los datos actuales indican que no es así necesariamente, destacando la prevalencia en la población de sexo femenino.

Pero vamos a centrarnos ahora en los datos concretos de los adolescentes en España que esta investigación nos revela.

En primer lugar, la Sociedad Española de Urgencias Pediátricas (SEUP) realizó un estudio en 16 centros de servicios de urgencias pediátricos antes y durante la pandemia analizando los diagnósticos relacionados con la salud mental. Comparando los datos de marzo del 2019 a marzo del 2020 y de marzo de este último año con los de marzo del 2021 se evidenció un incremento del 122% del diagnóstico "intoxicación no accidental por fármacos" y un aumento del 56% del diagnóstico "suicidio/intento de suicidio/ideación autolítica".

En segundo lugar, el Grupo de Trabajo de Intoxicaciones (perteneciente a esta misma sociedad científica) en enero del 2021 realizó un estudio de prospección entre los pacientes pediátricos atendidos en urgencias por ingesta de voluntaria de tóxicos en 10 comunidades autónomas. Se registraron 281 tentativas, 90,1% de sexo femenino y con una edad media de 14,8 años. Es significativo que un 34,9% de los pacientes no tenían diagnóstico psiquiátrico previo y que el 57,7% de los casos habían tenido conductas suicidas anteriormente. Además de la sobredosis, la gran mayoría 82,6% admitió haberse autolesionado alguna vez.

Si bien es cierto que la presencia de trastornos psiquiátricos como la depresión, y de intentos previos son factores de riesgo incontestables en la conducta suicida, esta investigación indica que existen otros factores que intervienen, no menos importantes: familiares, sociales, personales y escolares.

2.1.1.1. Factores precipitantes, de riesgo y protectores de la conducta suicida

El estudio presenta la gran complejidad de la conducta suicida asociándola a una gran diversidad de causas múltiples interrelacionadas en la gran mayoría de los casos y que denomina "factores precipitantes y de riesgo[1]". Estos factores pueden variar dependiendo del ámbito y del momento en el que se den:

- Ámbito biológico
- Ámbito psicológico
- Ámbito cultural
- Ámbito socioeconómico

De este modo el estudio los clasifica de la siguiente manera:

- Personales
- Familiares
- Sociales y escolares

Los investigadores destacan que los factores sociales juegan un papel muy importante para posibilitar padecer algún problema grave de salud, ya sea física o mental, algo que ha puesto de manifiesto la pandemia.

Por la cuestión que a nosotros nos ocupa, vamos a poner el énfasis en algunos de esos factores de riesgo presentados en este estudio para poder fundamentar en ellos los objetivos de nuestro presente trabajo:

- Abuso e influencia de las tecnologías

---

[1] Vázquez López, P., Armero Pedreira, P., Martínez-Sánchez, L., García Cruz, J.M., Bonet de Luna, C., Notario Herrero, F., Sánchez Vázquez, A.R., Rodríguez Hernández, P. J., Díaz Suárez, A. (marzo de 2023). Autolesiones y conducta suicida en niños y adolescentes. Lo que la pandemia nos ha desvelado. *Anales de Pediatría*, Vol. 98 (3), 204-212. https://doi.org/10.1016/j.anpedi.2022.11.006

- Dificultad en la expresión de sentimientos y comunicación con el grupo de iguales
- Soledad, falta de control de impulsos e intolerancia a la frustración
- Niveles altos de exigencia y perfeccionismo
- Fracaso escolar y vulnerabilidad económico-social

También cabe destacar como los factores protectores que se plantean en este estudio tienen que ver con el refuerzo de la autonomía personal del individuo e inalienablemente con su entorno familiar y social, así como con sus hábitos: "Las habilidades sociales, la capacidad de resolución de problemas, la adquisición de aprendizajes como el valor de la empatía, el respeto a la diversidad, la tolerancia a la frustración, la capacidad de resiliencia y la gestión de las emociones son algunas habilidades que se pueden enseñar y podrían proteger de futuras conductas suicidas. Para ello, las familias, el entorno escolar y los diferentes recursos de salud son agentes determinantes" (Vázquez López P. *et al.*, 2023, p. 209).

Por todas estas razones, a modo de reflexión, en este estudio se destaca el imprescindible papel de la educación para la salud de nuestros niños y jóvenes. El aprendizaje de aspectos emocionales como la empatía con los demás o la tolerancia al fracaso es para estos especialistas la única respuesta a una sociedad centrada extremadamente en aspectos materiales y exitosas exigencias laborales. Según indica el texto, frente a la cultura del rendimiento y la eficacia, defienden una educación más humanizada que trabaje desde edades tempranas aspectos socioemocionales y refuerce la resiliencia del individuo.

Pero tal y como expresa, los factores implicados en el malestar de estos jóvenes son diversos y solo con una correcta coordinación de todos estos ámbitos podrán variar los alarmantes datos actuales. Formación específica en cuestiones de salud mental para los docentes que posibilite detectar factores de riesgo "incluidas las redes sociales", indican textualmente, y para médicos, pediatras y enfermeras o la necesidad de reforzar los recursos en este campo para atención primaria y hospitalaria, son otras medidas que juegan un papel imprescindible en todo este entramado. Pero si hay algo que se destaca en este artículo es la urgencia del desarrollo de un plan de acción de salud mental frente a la heterogeneidad de los planes de prevención del suicidio en las diferentes comunidades autónomas, a pesar de que en 2021 el Ministerio de Sanidad aprobó el Plan de Acción de Salud Mental 2022-2026.

2.1.2. ¿Por qué estudiar?

Fundación SM es una organización que se dedica desde hace 30 años a elaborar informes sobre la realidad que vive la juventud en Iberoamérica. El Observatorio de la Juventud Iberoamericana (OJI) constituye uno de sus programas cuya investigación se centra en aspectos fundamentales como la juventud y la educación en esos países.

El 31 de mayo de 2023, cinco días antes de que dieran comienzo las pruebas de acceso a la universidad, OJI presentó una encuesta cuyo título era: *¿Por qué estudiamos?* Se trata de una de las encuestas elaboradas por esta organización, esta vez centrada en los jóvenes de 15 a 29 años de cuatro países: México, España, Brasil y Chile. El proyecto, dirigido por Ariana Pérez Coutado, tenía como objetivo:

- Conocer los criterios que siguen a la hora de elegir su formación
- El valor que los jóvenes le conceden a la educación: sistema educativo y docentes

El informe de este estudio, redactado por IDEA (Instituto de Evaluación y Asesoramiento Educativo) nos indica en términos generales que los principales criterios de los jóvenes de estos países a la hora de elegir un itinerario formativo son la empleabilidad y la remuneración, dejando en segundo plano el interés por aprender, cambiar la sociedad o la vocación. Además, la mayoría considera que los sistemas educativos se están adaptando positivamente al mercado laboral y los docentes están adaptando sus metodologías al alumnado. Por otro lado, más del 75% considera que socialmente se da más reconocimiento al mero hecho de tener un título que a la formación en sí, razón por la cual consideran que el conocimiento o ser una persona bien formada no es de utilidad si no se puede demostrar con un título.

Nos centraremos ahora en los datos específico del informe de España.

2.1.2.1. ¿Por qué eligen?

El 26% de nuestros encuestados considera que el criterio a seguir para decidir su futura formación es la vocación, el 21% considera que debe ser la empleabilidad. Es interesante señalar al respecto que según este estudio la elección vocacional está completamente ligada a itinerarios que tienen que ver con salidas laborales. Además, el 67% manifiesta que estar bien relacionado es más importante que estudiar para lograr objetivos profesionales.

La clase social es un factor fundamental en este informe, el 77% de los encuestados reconoce sentirse entusiasmado con lo que estudia, mientras que el 54% reconoce haber seguido un criterio vocacional si tuviera una circunstancia económica favorable garantizada en su futuro. En coherencia con lo anterior, los jóvenes con menos recursos se centran más en obtener un título para una mayor empleabilidad que en sus objetivos vocacionales. Además, cabe añadir la enorme dificultad que los jóvenes de clases socioeconómicas más bajas tienen para compatibilizar un empleo con sus estudios.

El informe muestra que en estos jóvenes la motivación por lo que estudian aumenta con la edad, a medida que van pudiendo elegir sus estudios.

En comparativa con los otros tres países, España junto con Chile son los dos países donde la decisión vocacional prima sobre la laboral.

2.1.2.2. Valoración de la educación

Según muestra el informe, los encuestados "perciben un sistema educativo que prioriza ante todo la productividad y ante todo la adquisición de competencias profesionales. Los objetivos relacionados con el compromiso con el medio ambiente y la justicia social tendrían una importancia menor" (OJI, 2023, p.6).

Aunque el 75% de los encuestados destacan el efecto negativo que provoca la falta de vocación docente, sobre todo los mayores de 21 años, tres de cada cinco reconocen la influencia de sus profesores para promover su inquietud por el saber y también valoran sus esfuerzos por actualizar sus metodologías de enseñanza. Si bien es cierto que España es el país más crítico con estas cuestiones.

El 50% de los encuestados manifiesta que los sistemas educativos se están adaptando a las nuevas necesidades laborales. Al respecto, el 78% manifiesta que en este sentido es mucho más eficiente la Formación Profesional que la universitaria, porcentaje que disminuye al 66% en el caso de los jóvenes de 18 a 20.

Es significativa la preocupación de los jóvenes porque sus futuras profesiones puedan ser sustituidas por alguna tecnología.

La percepción de nuestros jóvenes sobre nuestra sociedad es que se valora más la utilidad de tener una titulación que ser una persona bien formada. En coherencia con lo anterior, el 61% percibe que tener conocimientos no es de utilidad si no son reconocidos por un título que lo acredite, siendo un alto porcentaje, el 82%, los que consideran que la educación está así enfocada al reconocimiento social y laboral. Es por este motivo por el que le dan mayor valor a obtener una titulación con una finalidad meramente profesional que a las capacidades intelectuales que con ella puedan adquirir. Cabe destacar que el 71% de los encuestados no está de acuerdo con esta racionalidad, expresando que la educación debería tener otros fines.

El informe indica que prevalece el estigma sobre la Formación Profesional, tan solo el 45% considera que su reconocimiento es simétrico al de la formación universitaria.

2.1.3. Programa para la Evaluación Internacional de los Estudiantes

El informe PISA (Programme for International Student Assessment), elaborado por la Organización para la Cooperación y el Desarrollo Económico, es un estudio comparativo internacional del rendimiento educativo en estudiantes de 15 años y que se realiza con carácter periódico desde el año 2000, a través de tres competencias clave:

- Comprensión lectora
- Competencia matemática
- Competencia científica

Los resultados que mencionaremos en este trabajo son del último informe, en el año 2018, ya que a consecuencia de la pandemia no se ha podido respetar su periodicidad cada tres años. Por este motivo, en el 2022 se han recogido los datos para su próxima publicación en diciembre de 2023.

En el informe 2018 se incorporó como innovación la denominada "competencia global". Y es que un dato significativo es que PISA no sólo evalúa las mencionadas competencias, sino que también incorpora en su análisis toda una serie de factores que inciden directamente en el proceso de aprendizaje. De este modo, al analizar este informe aparecen variables tales como las habilidades emocionales de los alumnos, el acoso escolar, el sentido de pertenencia de los alumnos en relación a su centro educativo o la condición socioeconómica y cultural de los estudiantes de los distintos países o la respuesta de los gobiernos a estas situaciones.

Esta evaluación se convierte así en una herramienta pensada para orientar las políticas educativas de los países participantes, poniendo a disposición de los distintos gobiernos y sus correspondientes comunidades educativas los análisis para facilitar que se establezcan las medidas pertinentes. La regularidad de este informe le convierte en un instrumento válido para evaluar la evolución de los sistemas educativos.

En la edición de 2018 han participado en este estudio 79 países (37 pertenecientes a la OCDE y 41 países asociados) y alrededor de 600.000 estudiantes (que representan a un total de 32 millones de alumnos). Cabe destacar que España fue uno de los países con una muestra más representativa: el 92% de la población de 15/16 años participó en este estudio. Asimismo, es de interés el hecho de que este estudio habilitó un minucioso análisis regional y no solo nacional en cada comunidad autónoma. También cabe mencionar que se produjo un incidente en torno a la publicación de los resultados en España de la competencia lectora, procediendo a postergar su publicación debido a la identificación de una serie de anomalías.

Para la cuestión que en este trabajo nos ocupa, a falta de los resultados del informe del presente año, expondremos a grandes rasgos los principales resultados de este informe 2018 en España.

En cuanto a la competencia matemática y científica, los estudiantes españoles quedaron por debajo de la media de otros países de la OCDE, obteniendo 481 puntos en conocimientos matemáticos y 483 puntos en conocimientos científicos, frente a los 489 puntos de media de otros países.

Estos resultados se pueden traducir en que nuestros estudiantes saben representar correctamente una situación sencilla matemáticamente pero no pueden modelar matemáticamente situaciones complejas ni realizar ejercicios de comparación y evaluación de estrategias para la resolución de problemas matemáticos. Respecto a las ciencias, interpretan adecuadamente explicaciones científicas en situaciones familiares y utilizan estos conocimientos para identificar la validez de una conclusión.

Sin embargo, un porcentaje mínimo tiene la capacidad de utilizar de forma autónoma su conocimiento en situaciones más complejas.

Los resultados del informe en cuanto a la competencia lectora, que hace referencia a la capacidad de los estudiantes de comprender y reflexionar sobre un texto escrito, indica que nuestros estudiantes están por debajo de la media de los países de la OCDE y de la UE. La puntuación de España con 477 puntos nos sitúa en medio de la tabla por debajo de la media de la OCDE (487) y de la UE (489), muy por debajo de la puntuación española en 2015 (495).

Por primera vez en el informe 2018 también se incluía la evaluación de la competencia global de los estudiantes. Tal y como se expresa en el informe del Instituto Nacional de Evaluación Educativa, la definición de dicha competencia consensuada por la OCDE y los países participantes es la siguiente:

> *"La capacidad pluridimensional que aúna el saber examinar cuestiones locales, globales e interculturales; comprender y apreciar distintas perspectivas y puntos de vista; saber interactuar de forma respetuosa con los demás; y emprender acciones para el bien común y del desarrollo sostenible."* (OCDE, 2019b, p.166).

Si la otra cara del informe, podríamos decir *cuantitativa*, tiene en cuenta destrezas concretas en matemáticas, lectura y ciencias, esta evaluación *cualitativa* tiene que ver con las habilidades para analizar, cuestionar y proponer soluciones a desafíos sociales como la pobreza, la igualdad de género, el hambre o el medio ambiente. En definitiva, se trataba de medir si nuestros estudiantes están preparados para la vida y el compromiso con los demás. Para el análisis de ésta se recurrió a dos instrumentos de evaluación:

- Una prueba cognitiva
- Un cuestionario de contexto

El resultado de este informe en nuestro país, en el que participaron más de 1.000 centros educativos y 35.000 estudiantes, fue que aun no teniendo tanto rendimiento en las materias específicas (comprensión lectora, matemáticas y ciencias), el 68% del alumnado que participó alcanzó o superó el nivel básico de rendimiento en competencia global. Los estudiantes obtuvieron 512 puntos frente a los 499 de media de los países de la OCDE, destacando fundamentalmente en:

- Comprender y valorar las perspectivas y puntos de vista de los demás.
- Emprender acciones para el bien común y el desarrollo sostenible.

El alumnado de 4º de ESO destacó a tan temprana edad en el respeto por otras culturas y su adaptación al cambio del entorno con mayor facilidad en comparación con la media del resto países.

El informe destacó que los estudiantes españoles presentan un nivel más alto de responsabilidad respecto a problemas globales que los alumnos de la media mencionada anteriormente. Además, detalla que las alumnas puntúan más.

Los analistas de la OCDE atribuyen este alto nivel en responsabilidad y compromiso al hecho de que el respeto por la diversidad está incluido expresamente en su currículo, sin dejar de lado la excelente labor docente, que va más allá de la mera instrucción teórica y disciplinar para llegar al ámbito del compromiso ético.

Por otro lado, en el informe 2018 es muy significativa la indicación que se manifiesta en torno a la brecha de género en nuestro país: los estudiantes obtienen 6 puntos más que las estudiantes en competencia matemática, frente a los 5 puntos de diferencia de otros países de la OCDE. En cuanto a la competencia científica, uno de cada tres estudiantes masculinos espera trabajar en alguna profesión científica mientras que en las estudiantes se da en una de cada cinco. En términos generales, los resultados en comprensión lectora del género femenino se sitúan por encima de los resultados de los chicos: 30 puntos por encima en los países de la OCDE y 27 puntos en los países de la UE, aunque en España esa diferencia no es muy significativa. Tres de cada diez estudiantes femeninas esperan trabajar en profesiones relacionadas con la salud y el cuidado mientras que esto solo se da en uno de cada ocho estudiantes masculinos. Además, las encuestadas de género femenino manifiestan miedo al fracaso en un porcentaje superior a los de género masculino, algo que predomina no solo en España sino en todos los países.

En cuanto al bienestar de los estudiantes, el informe indica que mientras que en el resto de los países el 23% de media reconoce haber vivido situaciones de acoso escolar, en España se da en un 17%. Respecto al aislamiento o soledad en el entorno escolar, frente al 16% de la media del resto de países, España se sitúa en el 10%. Según el informe, en 2018 el 74% se muestra satisfecho con su vida frente al 67% de la media de la OCDE.

No debemos perder de vista que estos datos son previos a la situación pandémica, 2018, posiblemente sería necesario esperar a la publicación del informe PISA 2022 para obtener datos actualizados sobre las diferentes competencias.

2.1.4. Impacto de la tecnología en la adolescencia

En el año 2021 UNICEF España publicó el informe un estudio que llevó a cabo junto con la Universidad de Santiago de Compostela y el Consejo General de Colegios Profesionales de Ingeniería en Informática de España, sobre del uso y el impacto de la tecnología en la adolescencia. La finalidad era analizar el lugar que la tecnología ocupa en la vida de nuestros adolescentes: ¿cómo usan la tecnología? ¿cómo se relacionan a través de las pantallas? Con este estudio se pretendía facilitar información que pudiera dar lugar a análisis posteriores que faciliten mecanismos de protección necesarios en el ámbito educativo y familiar para los adolescentes en los diferentes entornos digitales.

El estudio se realizó entre 4.509 adolescentes de entre 11 y 18 años en centros públicos, concertados y privados de todo el territorio nacional. Según expresa el informe, el 50.3% de los participantes se identificó como género masculino, el 48, 7% con el femenino y el 1% restante con otras opciones. Se llevó a cabo en los centros entre noviembre de 2020 y marzo de 2021.

Se elaboró un cuestionario con instrumentos validados internacionalmente que pudiese detectar:

- Posibles adicciones o usos problemáticos de las redes sociales y videojuegos
- Tasas de acoso escolar y ciberacoso
- Bienestar emocional, riesgo de depresión y grado de supervisión parental

Según indica el informe, se configuró un comité de expertos internacional para la supervisión del estudio, con un pilotaje cuantitativo y cualitativo para garantizar la adecuada comprensión del cuestionario.

En primer lugar, el informe nos sitúa en el contexto post pandémico, en el cual se ha dado de un aumento significativo de la competencia de digital de niños y adolescentes, con la educación a distancia y el uso de las redes sociales. Si bien es cierto que esto ha ofrecido incontestablemente muchos beneficios, la investigación advierte del peligro a una exposición mayor a algunos riesgos que se pueden dar en medios digitales. Por este motivo, además de mencionar la brecha digital y otras cuestiones, proponen mejorar las competencias digitales y promueven la educación para un uso seguro y responsable de las TRIC (Tecnologías para la Relación, la Información y la Comunicación). Incluyen la "R", porque para estos expertos nuestros adolescentes extienden al mundo virtual su experiencia vital, y con ello también el modo de relacionarse a través de ellas o con ellas. Esta propuesta está intrínsecamente relacionada con proteger sus derechos: "la CDNE (Convención sobre los Derechos de Niño) establece que los niños, niñas y adolescentes tienen derecho a la libertad de expresión, de información y al juego, así como a la privacidad y a la protección frente a cualquier forma de violencia o efectos negativos para su bienestar y correcto desarrollo integral" (UNI-CEF, 2021, p.3). Esto significa que puedan tener acceso y apoyo para acceder al entorno digital de forma segura. Tal y como los subtítulos del propio informe indican, se trata de realizar *un estudio comprensivo e inclusivo hacia el uso saludable de las TRIC,* ya que la competencia digital es un factor muy importante para su desarrollo personal.

En cuanto a los hábitos de uso, el informe indica que el uso de las TRIC en nuestros adolescentes es en muchos casos intensivo y generalizado desde edades tempranas, las redes sociales son su día a día y un medio importante para relacionarse. La edad media para adquirir un móvil es de 10,96 años, 6 de cada 10 adolescentes duerme con el móvil y 1 de cada 5 se conecta por la noche. El 49,6 % utiliza internet más de 5 horas al día en fin de semana y el 31,5% utiliza internet más de 5 horas al día entre semana. Los analistas indican al respecto que integrar estos hábitos con su desarrollo personal y social es un gran desafío: el 98,5% está registrado en alguna red social y el 61,5% tiene además más de un perfil en la misma red, para usarlas selectivamente entre familiares, amigos u otros grupos destinatarios.

Estos datos nos hablan del uso social y/o emocional de la tecnología: 4 de cada 10 adolescentes se conectan para no sentirse solos. El porcentaje al respecto se desglosa del siguiente modo:

- Ser popular: 27,2%
- Ser aceptados por los demás: 27,8%
- Mostrarme como soy: 33%
- No sentirme solo: 44,3%
- Hacer amigos: 58,1%

Los expertos advierten del riesgo para la salud mental de nuestros jóvenes, así como la exposición a peligros de ciberacoso, contacto peligroso con extraños o contenidos no adecuados para su edad. Y es que independientemente de las oportunidades que el uso de las TRIC puede aportarnos, hay riesgos a los cuales los adolescentes son extremadamente vulnerables ya que las relaciones sociales juegan un papel esencial en su desarrollo emocional. El grado de exposición aumenta al entrar en contacto con desconocidos o ser víctimas de acoso sexual por la exposición de imágenes personales o de su ámbito privado en redes sociales: 1 de cada 10 adolescentes ha recibido alguna propuesta sexual por parte de un adulto.

En cuanto a la prevalencia estimada de ciberacoso en estudiantes de ESO, el informe revela que en Internet más del 50% de quienes padecen acoso, también lo ejercen porque no son conscientes de ello al no interpretarlo como tal: solo el 2,2% de los adolescentes entienden que están sufriendo ciberacoso. De este modo, 2 de cada 10 adolescentes podría estar siendo víctima de ciberacoso. El informe indica que éste está muy relacionado con algunas conductas de riesgo online en adolescentes como el *sexting* e el contacto con desconocidos.

En cuanto al impacto directo sobre la salud y las vidas de nuestros adolescentes, los datos indican que 6 de cada 10 adolescentes utilizan los videojuegos como principal canal de ocio y más de un 50% usa juegos no aptos para su edad. Dedican unas 7 horas semanales de media, aunque un 4.4% admite jugar más de 30 horas a la semana y además el 50.9% afirma haber conocido gente a través de los videojuegos online. De este modo, los expertos indican que la frecuencia e intensidad de estos videojuegos son propiciantes de una adicción o un uso indebido.

Por otro lado, 3,6 de los estudiantes de ESO afirma haber apostado dinero online en alguna ocasión, siendo las apuestas deportivas y el póker los juegos online más utilizados. Este dato confirma que el juego online y las apuestas están comenzando a edades muy tempranas: ganar dinero o divertirse son los principales argumentos que estos jóvenes esgrimen, lo cual indica un preocupante componente lúdico y social.

Según expresa el informe, la Organización mundial de la Salud sugiere utilizar el término "Uso problemático" para referirse a la adicción a Internet y las redes sociales, y considera la adicción a los videojuegos y al juego como "Adicciones sin sustancia". Las cifras son preocupantes ya que 1 de cada 3 estudiantes de ESO están haciendo un "Uso Problemático" de Internet, no solo por la frecuencia sino porque interfiere en la cotidianidad de los adolescentes: el 25% admite tener discusiones familiares por el uso de la tecnología al menos una vez a la semana. En cuanto a los videojuegos, 1 de cada 5 podría tener adicción y 1 de cada 10 menores que apuesta dinero online puede terminar siendo un ludópata, este último caso estamos hablando de unos 10.000 adolescentes.

Durante la pandemia, el 85,2% de nuestros estudiantes tuvieron clases online gracias a la tecnología, una oportunidad única donde se demostró la importancia del acceso a las herramientas tecnológicas y las competencias digitales en el entorno educativo y familiar. Sin embargo, el informe indica el bajo nivel de satisfacción de los estudiantes españoles: 39% indica que fue "regular" y 22,3% la califica como "mala".

La conclusión fundamental de este estudio para los investigadores es que el uso de la tecnología forma parte de la vida de nuestros jóvenes, ya que es un componente social y emocional para ellos. Hablábamos anteriormente del correcto uso de las TRIC porque lo que realmente demuestran estos datos es que puede implicar una interferencia preocupante en su desarrollo personal, ya que entraña una serie de riesgos que debemos observar de cerca. Los expertos destacan que las tasas de posible adicción o Uso Problemático son preocupantes, destacando además la escasa supervisión de las familias al respecto y el incorrecto uso de las pantallas en general dentro del ámbito familiar e incluso social, no solo por los adolescentes.

2.2. Cultura digital y contexto de inmediatez. Sobredosis de información

El medio digital BBC News Mundo publicó en 2021 una interesante entrevista a Nicholas Carr, escritor estadounidense especializado en tecnología cuya publicación de su libro *The Shallows: what the Internet es doing to our brains* ("Superficiales: lo que Internet está haciendo en nuestras mentes") ha sido traducida a 25 idiomas. En esta entrevista, el escritor expone que tras haber estado 10 años analizando diferentes investigaciones en torno a la cuestión sobre el impacto de la tecnología en nosotros, ha llegado a conclusiones no muy esperanzadoras. Según Carr, cuestiones fundamentales como la capacidad de resolución de problemas o de concentrarnos es menor cuando tenemos cerca un teléfono móvil. Respecto a la información masiva en Internet, ésta nos llega de un modo fragmentario y por ello se solapan unas informaciones con otras, acompañadas siempre de muchos estímulos como notificaciones e imágenes provocando que la reacción en nosotros ante estos hipervínculos sea la incapacidad para concentrarnos y procesar realmente la información. Según su trabajo, los efectos de la tecnología en nuestra capacidad intelectual no son tan beneficiosos como podríamos pensar ya que nos resta atención provocando con ello que no pensemos eficientemente. En su entrevista, deja de manifiesto su preocupación por los cambios en nuestra forma de pensar y procesar la información que el impacto de la tecnología puede llegar a tener en nuestra capacidad intelectual: "Sabemos que el cerebro humano se adapta a su entorno; nuestra mente se vuelve muy buena en los modos de pensar que practicamos mucho, pero si no los practicamos comienza a perder esa habilidad" (Carr, N. 2021).

El filósofo Byung-Chul Han habla en uno de sus ensayos, *No-cosas,* sobre la descorporeización de nuestro mundo, advirtiendo de los peligros que ello conlleva. Su análisis es, a nuestro parecer, un potente diagnóstico filosófico que responde incontestablemente a los datos de los informes que en este trabajo venimos ofreciendo.

Lo que el pensador argumenta es que la desmaterialización del mundo lo vacía de cosas, llenándolo de información inquietante pero absolutamente efímera, ya que lo que en estos momentos es un nuevo dato en unas horas es sustituido por algún otro. Y es que vivimos almacenando constantemente datos, inmersos en una sobredosis de información que nos hace suprimir los recuerdos. Para Han, la información son las *no-cosas* y es su mundo lo que engañosamente se hace pasar por libertad, desnaturalizamos las cosas del mundo informatizándolas. Por esa razón el pensador argumenta que estamos en la *era de las no-cosas*. De las cosas con cuerpo, sólidas o tangibles, los humanos guardan recuerdos. La información sin embargo se alimenta de la inmediatez creando rápidamente la necesidad de un nuevo dato, una nuevo estímulo o sorpresa. Así las cosas, Han nos habla de la *infomanía* que padecemos, de nuestro fetichismo por la información, y esto desestabiliza la vida deshumanizándonos porque la información es contingente, fugaz y nos imposibilita para detenernos en las cosas que verdaderamente nos constituyen ontológicamente:

> "*Nos acostumbramos a percibir la realidad como fuente de estímulos, de sorpresas. Como cazadores de información, nos volvemos ciegos para las cosas silenciosas, discretas, incluidas las habituales, las menudas o las comunes, que no nos estimulan, pero nos anclan en el ser.*" (Han, B., 2021, p.11).

Este contexto de inmediatez en el que nuestra sociedad está completamente sumergida imposibilita las prácticas que requieren dedicación o tiempo. Algo poco alentador ya que todo lo que estabiliza nuestras vidas requiere el cultivo de la paciencia: los vínculos con el Otro, los cuidados o el compromiso, la reflexión o incluso la verdad, requieren tiempo. Para Han, almacenamos ingentes cantidades de datos sin conservar recuerdos, viajamos virtualmente a mil lugares sin adquirir experiencia alguna, a través de las redes sociales o aplicaciones estamos en contacto con otros seres sin llegar a formar una comunidad, un encuentro real con los Otros, el único interés es una vez más la acumulación de datos, en este caso seguidores o *likes*. El pensador aplica el término *Phono sapiens* para el humano del futuro, ya que es corporeamente inactivo y su único interés es disfrutar y experimentar a golpe de *click* con su pulgar. Para exponer sus razones, Han recupera el concepto de libertad de Hanna Aredntt, ligada intrínsecamente a la actividad. Para la filósofa alemana la libertad es libertad de acción: quien actúa interviene en el mundo, trae algo diferente y es por ello libre. Este carácter revolucionario de la acción en la realidad es lo que se contrapone para nuestro pensador con el carácter lúdico de nuestra *infomanía,* porque no rompe con lo que ya existe ni crea algo nuevo, la libertad de acción se ha convertido en libertad de consumo y elección. La libertad se convierte así en una pura ilusión, no es sino una selección consumista, podemos así rescatar la expresión de Juvenal *panem et circenses*.

Este carácter temporal de la *era de las no-cosas* es lo que para Han nutre a esta libertad consumista, por eso en nuestra sociedad hasta los vínculos se han visto afectados. No nos comprometemos ni con las cosas ni con las personas, solo consumimos emociones y experiencias a través del acceso temporal a redes y aplicaciones. Y esto imposibilita gravemente que nos identifiquemos con algo o con alguien. La identidad requiere permanencia, el consumo solicita posesión o producción. Y es esto lo que hacemos a través de las redes sociales, producir contingentemente nuestra identidad. Para Han, la información no admite vínculo alguno ni tiene cuerpo. Por contraposición se experimenta, se ama y se cuida con el cuerpo. De este modo, el *capitalismo de la información* se está apoderando de nuestra humanidad: los afectos se mercantilizan en *likes* y las amistades tienen un orden cuantitativo.

La comunicación digital nos ha traído la cultura del *selfie*. Esta estética narcisista está ligada además con la pura actualidad, la fotografía digital es efímera como cualquier otra información y es mera apariencia. Se contrapone para nuestro pensador con la fotografía analógica, de la que Barthes decía que se trataba de un *certificado de presencia* que da testimonio real de lo que ha sido. Para Han además la fotografía analógica es silenciosa, convirtiéndose así en un rastro de la memoria. La apariencia del *selfie*, cargado de filtros, renuncia a la historia real de las personas entregándose lúdicamente al momento.

El uso de aplicaciones como *whatsApp* es para Han una comunicación descoporeizada que nos imposibilita poder ver al Otro, observar su mirada o interactuar con él. En esta comunicación digital la ausencia del Otro se hace presente invitándonos constantemente a habitar una burbuja solipsista que nos blinda frente a los demás. Además, ni tan siquiera se produce una llamada en la cual escuchamos la voz de ese alguien con quien hablar, sino que le escribimos un mensaje de texto evitando de este modo cualquier tipo de exposición afectiva o emocional, provocando que nos relacionemos perturbadamente con nosotros mismos y con los demás. Y es que los medios digitales no ofrecen resistencia, más bien se convierten en objetos narcisistas a través de los cuales nos protegemos de los demás o consumimos relaciones. Tal y como expresa Han, el tú se convierte en ello y es por esta razón por la cual finalmente nos sentimos solos. Esta comunicación se muestra así insatisfactoria, porque siempre faltará la verdadera presencia del Otro.

Es por todo ello por lo que nuestro pensador vaticina que la digitalización acabará con la comunidad porque todo lo sometemos simplemente a nuestras falsas necesidades, y son las comunidades precisamente las que constituyen la Historia. La ausencia de apego y estabilidad conducen a un serio empobrecimiento del mundo, empobrecimiento del cual la depresión no es sino un síntoma.

A propósito de lo expuesto por nuestro pensador, traemos también una cita de Spinoza quien, en uno de los libros de su *Ética*, titulado *De la naturaleza y origen de los afectos*, nos dice:

> *"Y el hecho es que nadie, hasta ahora, ha determinado lo que puede el cuerpo, es decir, a nadie ha enseñado la experiencia, hasta ahora, qué es lo que puede hacer el cuerpo en virtud de las solas leyes de la naturaleza, considerada como puramente corpórea, y qué es lo que no puede hacer salvo que el alma lo determine."* (Libro III, proposición II, escolio).

2.3. Sistema educativo y sociedad: cultura del éxito, la eficacia y el consumo

Observando los datos de los diferentes informes que hemos ido presentando a lo largo de este trabajo, podríamos interpretar que la nueva era digital está empujando a nuestros adolescentes a habitar mundos aislados (tecnológicos) y a establecer como único criterio para tomar sus decisiones encontrar el reconocimiento social y el éxito que se divulgan en medios digitales de la mano de *youtoubers, instagramers* y *coachers* que de alguna forma captan su atención. En definitiva, sus referentes son personas en la gran mayoría de los casos no cualificadas profesionalmente para poder abordar ciertas cuestiones, ya sean de índole psicológica o emocional, o a nivel intelectual. Así las cosas, ¿cabe la posibilidad de que sea la educación, concretamente el *topos* de la Escuela, el único lugar que salvaguarda lo humano, las amistades, la inquietud por el conocimiento, el rigor científico o la adquisición de la verdadera autonomía y el pensamiento crítico de la mano de nuestros docentes?

A propósito de la nueva ley educativa, Ley Orgánica por la que se modifica la Ley Orgánica de Educación, en adelante LOMLOE, se abrió un debate: si la Escuela debe mantener el aprendizaje tradicional memorístico y disciplinado que da gran valor a los contenidos teóricos de las diferentes materias o debe relegar estas cuestiones a segundo plano y priorizar una enseñanza más competencial que rinda cuentas a la eficacia de los conocimientos adquiridos. Esta cuestión ha dado lugar a ríos de tinta en los últimos años. Señalaremos a continuación algunos artículos y opiniones que reflejan esta contienda.

Sin memoria, no hay aprendizaje y además el conocimiento es inevitablemente acumulativo. No lo decimos nosotros, lo indica la neurociencia. Con el profesor Francisco Mora, aprendimos en su charla "Somos lo que la educación hace de nosotros" claves fundamentales para comprender el funcionamiento del cerebro en el ámbito del aprendizaje. Para el doctor, este proceso se sostiene en tres pilares fundamentales: la memoria, las emociones y la atención. Y es que la memoria y la atención son imprescindibles para despertar emociones. Tal y como expresa en un artículo publicado en *El Mundo* Alberto Royo: "un profesor tiene que ser una persona culta" (Royo, A., 2019), no es sino con las palabras de un profesor y su amor por la sabiduría como verdaderamente se emociona a un alumno. Sin contenidos no hay competencias, viene a decir. Siguiendo la estela de este artículo, podemos decir que un profesor apasionado por el conocimiento y que disfruta transmitiendo su saber, sabe cómo despertar en sus alumnos la inquietud de sí mismos y por el mundo, esto es, pegar el conocimiento a la vida.

En un artículo publicado en el periódico *Magisterio*, que recoge las impresiones expresadas por Isabel Celaá y algunos profesionales de la educación en la presentación del nuevo currículum contemplado en la LOMLOE, se da a entender que el aprendizaje competencial no tiene que ver con el estudio o con los contenidos. Según destacaba el artículo, la ahora exministra de educación apuntaba: "Una certeza es que ya no es suficiente un aprendizaje memorístico y acumulativo, por eso apostamos por una propuesta competencial" (Celaá, I., 2021), renunciando así a las visiones enciclopédicas de los contenidos educativos.

A propósito de ello, José Antonio Marina defendía en *El Cultural* de forma contestataria: "estamos dejando que se consolide una sociedad que considera que estudiar y leer son cosas malas" (Marina, J. A., 2021). La capacidad reflexiva, premisa fundamental que dota al individuo del pensamiento crítico imprescindible para poder lograr su autonomía (*competencia emprendedora* recogida por la ley educativa), se adquiere solo reflexionando y para ello es necesario estudiar mucho e incluso memorizar, no hay otro modo de poder ejercitar el pensamiento abstracto. La competencia oral y lectora se desarrolla leyendo y escribiendo, no existe alternativa alguna. Tal y como señala este artículo, el informe PISA nos alerta de la incapacidad en comprensión lectora y aritmética, sin embargo, nadie se pregunta por qué. Nosotros añadimos que quizá sería conveniente pensar qué tipo de relación pueda tener esta denostación del conocimiento por el conocimiento, aquel del que tanto hablaban los griegos y que era inevitablemente inseparable de una *praxis*. A nuestro entender, defender que las competencias están por encima de los contenidos es una falacia, no existe ninguna teoría que no conlleve una práctica. Para adquirir lo que verdaderamente es una competencia, en su pleno sentido de la palabra, hace falta adquirir conocimientos teóricos. Ahora bien, eso conlleva tiempo, como decíamos anteriormente.

Al hilo de estas reflexiones, invitamos a este banquete al ensayista italiano Massimo Recalcati para quien esta enseñanza competencial no es sino es una cuestión de eficacia, una vez más, ligada al tan ansiado mecanismo de productividad de la sociedad capitalista y consumista que nos engulle. Según Recalcati, pretenden convencernos de que lo que importa es la práctica, cuando en realidad lo que quieren decir es que es más rápido y productivo. Este modelo de educación responde al utilitarista *principio de rendimiento* que deja de lado el tiempo de la reflexión y el amor del conocimiento por el conocimiento, despreocupándose por completo de los valores, para fortalecer unas competencias orientadas a resolver problemas y no a aprender a planteárselos. Esto se traduce, nos dice, en el mayor beneficio con el menor esfuerzo. ¿Para qué o para quién?, eso es según Recalcati sobre lo que deberíamos estar pensando: "Una pedagogía neoliberal que reduce la Escuela a una empresa que tiene como objetivo producir habilidades eficientes y adecuadas para su propio sistema" (Recalcati, M., 2016).

En el artículo antes mencionado, Celaá señala a nuestros docentes defendiendo que se deben "conectar los conocimientos del profesorado con elementos innovadores" (Celaá, I., 2021). Nosotros planteamos aquí ¿no debería ser más bien al contrario? ¿no debería tratarse, de que las innovaciones estuvieran al servicio del conocimiento y el saber, y no a la inversa? Convenimos en que es una responsabilidad docente adaptarse a las necesidades de sus alumnos, pero no potenciar sus insuficiencias y defender que el aprendizaje memorístico o cultivar el estudio es completamente innecesario. A nuestro entender, no es otra cosa que eso. Sería quizá oportuno que explicasen detalladamente qué es lo que realmente entienden por "aprendizaje competencial". Hasta el momento, nuestra historia científica y humanística está repleta de grandes genios, podríamos poner muy en duda que alguno de ellos logrará su éxito académico o científico haciendo otra cosa que no sea estudiando o investigando. Retomamos las palabras en las que reflexionábamos sobre la digitalización de nuestras aulas: dificultades para mantener la atención, deterioro de la capacidad lectora y redactora, vago desarrollo del pensamiento crítico, todas ellas consecuencia de la sobreestimulación y el contexto de inmediatez en el que se desarrolla lo que nosotros en este trabajo podríamos denominar "des-alfabetización digital". Cuando se nos ofrecen los datos que venimos exponiendo, ¿no debería parecernos sospechoso que se muestre como decadente el amor del conocimiento por el conocimiento, el estudio, la lectura y ese modo de transmitir el saber que tiene que ver con un procedimiento más pausado, cauteloso en el cual la figura del maestro es excepcional e insustituible? ¿Podríamos poner el énfasis en crear las condiciones de posibilidad para que nuestros docentes pudieran vivir más apasionadamente su profesión y poder con ello emocionar a nuestros alumnos? A nuestro entender, el aprendizaje ha sido siempre y será competencial, en la estela de Recalcati decimos que quizá lo que se quiere decir realmente es competitivo: una carrera, pero no de resistencia sino de aquellas en las que la única prioridad es llegar al meta más rápido.

A propósito de este interés por lo productivo, nos interesa la reflexión del filósofo H. Marcuse, quien en su obra *El hombre unidimensional* (1964) realizó una crítica sobre la unidimensionalidad del ser humano, o si se quiere la dimensión únicamente cuantitativa que la racionalidad instrumental inherente al sistema técnico-económico-capitalista provoca en nosotros. Para el pensador, la sociedad tecnológica da lugar a un paradigma de pensamiento y de conducta unidimensional en el ser humano que nos hace interesarnos solo por producir u obtener bienes materiales y que deviene en que los individuos se alienen en trabajos mecanizados. Para él, gracias a la tecnología el tiempo de trabajo necesario se acorta, pero aumenta el trabajo dependiente, esto es, las falsas necesidades creadas en el individuo con el falso pretexto de que estimulan su libertad: el consumo. Unas necesidades que nunca llega a satisfacer o saciar del todo, De este modo, el ser humano pierde su dimensión cualitativa para obcecarse en la eficacia y el rendimiento.

Como venimos enunciando, en el centro de este debate en torno al aprendizaje competencial está ineludiblemente la práctica docente. En los últimos tiempos se ha puesto muy en boga otros modos de aprendizaje que exaltan la motivación. Inger Enkvist, catedrática emérita de español y ensayista, ha participado en el asesoramiento pedagógico del gobierno sueco y ha publicado varios libros sobre pedagogía. En 2018 concedió una entrevista al periódico *El País Semanal* donde expresaba su descontento con las nuevas pedagogías que entienden la emoción como un fin y no como un medio para incentivar el aprendizaje. La posición defendida por Enkivst establece como pilares fundamentales de la práctica docente la disciplina y la autoridad, relegando a segundo plano factores tan importantes como los psicológicos o emocionales. Sin embargo, en el artículo publicado en *La Vanguardia* "Por qué es importante que los niños se equivoquen" (Millet, E., 2021), la pedagoga Anna Forés nos indica desde el ámbito de la neuroeducación por qué se hacen fundamentales los factores psicológicos y emocionales dentro de la tarea de aprendizaje. La importancia de la experiencia del error en nuestros niños y jóvenes implica sin duda un esfuerzo por parte del alumno pero que debe ser reforzado y encauzado adecuadamente con un correcto *feedback* por parte del docente. Nosotros podríamos añadir que la escuela además de una institución intelectual, como defiende Enkivst, es una suerte de microsociedad que no es sino un reflejo de lo que ocurre en nuestro mundo y por ello se hace inevitable en el ámbito docente atender a factores tan importantes como la empatía y el cuidado del Otro. La práctica docente debiera ser en estos términos una tarea ética que atienda a las necesidades de cada alumno y en cada contexto. Encontrando siempre la justa medida, y aquí volvemos a las palabras de Forés, entre la sobreprotección y el abandono, la práctica docente podría entenderse planteando un aprendizaje centrado en el alumnado y sus necesidades específicas, haciéndose también necesario consolidar la autoridad del docente en el aula a través del conocimiento. Pero lejos de entender esa autoridad como un estatuto de poder, su función ha de ser la de orientar y guiar el aprendizaje de los alumnos, persuadiéndolos con su superioridad intelectual, reforzando su autoridad sólo mediante un continuo esfuerzo por seducirles y despertarles curiosidad por el conocimiento. Convenimos aquí con el doctor Francisco Mora en que sin pasión no hay enseñanza, la vocación docente requiere por tanto una labor constante de estudio e investigación y una especial escucha de las necesidades del Otro.

Es significativo un artículo publicado en 2021 por *El Ideal Gallego* sobre el acto de entrega de premios Educa Abanca, titulado: "Los mejores profesores de España apelan a la empatía y a la motivación". En las palabras rescatadas en este artículo por los profesores galardonados, no se hace mención a la cuestión intelectual o al conocimiento. La figura del docente como ejemplo del saber no aparece en este texto, solo se destacan aspectos como la empatía o la motivación. Llegados a este punto podríamos interpretar que según estas nuevas pedagogías que atienden solo a la motivación, cualquier persona dotada de estas cualidades puede desempeñar una labor docente en un centro. Educar con el corazón, como dice una de las profesoras en este artículo, es a nuestro criterio condición necesaria pero no suficiente.

Observamos con estos artículos dos posiciones muy diferentes e incluso excluyentes sobre la práctica docente. Según nuestro criterio, no deberían presentarse como antagónicas sino como prácticas necesariamente complementarias. Para ello no debemos más que acercarnos a la neuroeducación, disciplina que las sintetiza científicamente. El profesor Francisco Mora señala que solo se aprende emocionándose, y eso solo puede llegar por la persuasión ejercida por un maestro y su autoridad como figura de conocimiento. Por ello no podemos entender la educación solo en el ámbito de la emoción y al margen de toda intelectualidad. Para el Dr. Mora, la práctica docente debe atender a factores emocionales, pero no solo eso, el maestro es maestro por el dominio de un saber específico y que debe transmitir en el aula.

Siguiendo a Recalcati, el docente debe persuadir con su conocimiento, enamora con su saber y es a través de esta virtud como puede cambiar en muchos casos la vida de sus estudiantes.

Cuestión nada fácil sin duda, porque al final la cuestión es que enseñar significa empujar a aprender, este fue el gesto de Sócrates. Hablábamos con Han de la diferencia entre almacenar datos y recordar. La palabra "corazón" etimológicamente deriva del latín *cor*: así, si alguien nos parece simpático, decimos que somos cordiales con él; si estamos de acuerdo, entonces concordamos; si no lo estamos, discordamos; si experimentamos un impulso, tenemos una corazonada; si hurgamos en nuestra memoria, *recordamos*. Todo esto no es sino la experiencia en el aula que se da a través de la sabiduría de un maestro, que generosamente inspira a sus alumnos y les inquiere: *sapere aude*, exhorta Kant.

Por otro lado, cabe tener cierta sospecha sobre la visibilidad que se le da este tipo de premios a la docencia: ¿para qué?, ¿cuáles son los criterios que se manejan para elegir al mejor profesor? ¿quienes eligen a los nominados?, ¿por qué? Esto podría dar quizá dar paso a otra reflexión.

Otra de las cuestiones fundamentales en la educación de nuestros jóvenes es la intolerancia al fracaso. El imperativo social del éxito y la sobreprotección de los padres podrían ser factores determinantes en una realidad en la que no hay margen para el error. En 2021, el periódico *La Vanguardia* publicó un artículo en el que Anna Forés, directora adjunta de la Cátedra de Neuroeducación de la Universidad de Barcelona se pronuncia al respecto. De las razones expuestas en este artículo sobre las bondades de equivocarse, con la cuales convenimos, y las advertencias señaladas a propósito de la sobreprotección de los padres de hoy día, podríamos interpretar que la matriz de esta cuestión es la intolerancia o el rechazo al fracaso en nuestra sociedad. Tal y como nos dice Anna Forés, el error tiene una doble e importante vertiente didáctica, ya sea en el ámbito cognitivo como en el desarrollo vital, sin embargo, nos encontramos con el intervencionismo de unos padres que merman esta capacidad de intelección y desarrollo en sus hijos.

Elaborando una reflexión más allá de la posible culpa que a los progenitores les pueda perseguir a la hora de educar a sus hijos e hijas, por falta de tiempo y dedicación en su cotidianidad o cualquier otra circunstancia que tenga que ver con ellos mismos, podríamos apuntar que la problemática es aquí aún más peliaguda. A nuestro parecer, el miedo de al fracaso va más allá de la cuestión familiar: es una cuestión social. La atribución de la connotación negativa que este término ha adquirido posiblemente se deba a razones de diferente índole: política, social, pero sobre todo económica. El intervencionismo paternal del que venimos hablando quizá atienda al miedo a la exclusión dentro de un sistema meritocrático como es el nuestro, aparataje social y político que no cesa de establecer relaciones asimétricas y verticales de dominación, estigmatización y marginación de aquellos quienes quedan excluidos de su engranaje productivo. En este punto dilucidamos que este podría ser la finalidad de esta sospechosa educación en el éxito y el triunfo: no quedar al margen del sistema o en situación de precariedad. Lamentablemente nuestra cultura del éxito nos dice que ante esto mejor creerse dioses que saberse mortales. ¿Pero son con este propósito nuestros hijos más felices? Perseguir el éxito social y económico es sin duda una cuestión importante, es mucho más cuestionable relacionar estos factores con la felicidad. Este afán del "tú puedes", venga de la educación de algunos padres o de algún gurú contemporáneo que, reencarnado en la figura de *coach*, les impone a nuestros jóvenes una autoexigencia para ser impecables que les convierte en Sísifos contemporáneos, algo que dista mucho de la felicidad. Forés menciona la importancia de la experiencia del error en el aprendizaje, nosotros añadiremos que esto no es sino la capacidad de tolerar la frustración. Venimos mostrando datos de estudios psiquiátricos que señalan que el índice de suicidios, trastornos y medicalización en jóvenes y niños se ha disparado estrepitosamente. Sin duda alguna esto es un claro indicador de que el resultado no es el esperado para una educación en el triunfo, mucho menos en formar sujetos autónomos y volitivos capaces de dilucidar en qué consiste su propia felicidad. Ante semejante catástrofe, y siguiendo las indicaciones de la neurociencia, cabe la posibilidad de contemplar las acciones por sí mismas sin miedo al fracaso, esto es, ensayo y error. Hasta la propia ciencia funciona y evoluciona mediante la falsación constante de sus propias hipótesis, esto es, fracasando. Y es que conocer es también conocerse a sí mismo: saber de tus propias limitaciones, diríamos con Sócrates. Educar para la vida es ser capaz de enfrentarse a las adversidades y convivir con ellas y esto en nada tiene que ver con el éxito sino más bien con saber del fracaso. La melancolía, el fracaso, la felicidad, en definitiva, cuestiones humanas sobre las cuales las Artes, la Literatura, la Historia o la Filosofía tienen mucho que enseñarnos.

F. Nietzsche en el fragmento 235 de *Humano, demasiado humano*, nos dice:

> *"Alguien que ha extraviado por completo su camino en el bosque, pero que con descomunal energía se afana en cualquier dirección hacia la salida, descubre a veces un nuevo camino que nadie conoce: así nacen los genios cuya originalidad se celebra".*

Retomando la cuestión de la digitalización, decíamos anteriormente con Han que ésta nos evocaba a una forma de vida centrada en el juego. Al tocar la pantalla de nuestro móvil sometemos el mundo entero a nuestras necesidades reforzando así nuestro egocentrismo y creyendo tenerlo todo bajo control: el mundo tiene que cumplir conmigo. Quizá también por este motivo nuestros jóvenes no toleren el fracaso.

2.4. Aparición de nuevas tecnologías IA: *ChatGPT*

Como venimos anunciando en este trabajo, la tecnología forma parte de los hábitos cotidianos de nuestros adolescentes, es por este motivo que ineludiblemente las nuevas formas de Inteligencia Artificial, en adelante IA, están afectando al entorno educativo a un ritmo acelerado. La importancia de la cuestión es de gran envergadura, no son pocos los proyectos de investigación que desde distintas universidades se están llevando a cabo para lograr investigar y reflexionar sobre las posibles transformaciones en la enseñanza y el impacto en la educación que estos avances tecnológicos pueden tener.

Aunque nos parezca un tema de actualidad, lo cierto es que ya Alan Turing a mediados de siglo XX reflexionó sobre la posible inteligencia de las máquinas en alguna de sus obras e incluso diseñó un test, el denominado Test de Turing, que permitiera vislumbrar con sus resultados si una máquina pudiera considerarse inteligente (Botta, M. y Mora, Y. E., 2016). Lo cierto es que hasta 1956 no se acuña el término "Inteligencia Artificial", en una convención en Darmouth donde se señaló del siguiente modo: "hacer que una máquina se comporte como lo haría un ser humano, de tal manera que se la podría llamar inteligente" (Banda, H.A., 2014, p.6). A partir de entonces, la definición se ha ido ampliando y concretando de modos distintos, aunque la referencia a aquel concepto originario continúa vigente. Muchos son las transformaciones y los avatares científicos de esta tecnología desde su aparición hasta la actualidad, no nos adentraremos en ellos para poder centrarnos en la verdadera cuestión que nos ocupa: el impacto de estas tecnologías en la educación. Nos centraremos en este apartado en el uso de ChatGPT y el Metaverso.

El modelo de lenguaje *ChatGPT* fue desarrollado por un laboratorio de investigación de IA, *OpenAI* con sede en San Francisco allá por 2015. Sus fundadores están vinculados a empresas como *Tesla, Paypal, LinkedIn o Facebook,* podemos citar a Elon Musk entre ellos. En un principio se trataba más bien de una organización sin ánimo de lucro con fines científicos, fue a partir de 2019 cuando comenzaron a mercantilizarse sus productos adquiriendo finalmente su máxima popularidad con el lanzamiento de las primeras versiones de *ChatGPT* en 2020, siendo dos años después cuando se lanzó la versión gratuita de *ChatGPT-3* que se popularizó prácticamente al instante. Cabe destacar que la información proporcionada por éste no está actualizada sino que son los datos almacenados hasta 2021 (Rudolph, J., *et al.,* 2023, p.3-4).

ChatGPT es un modelo de lenguaje que genera texto, ya sean respuestas a preguntas, traducciones o resúmenes. Su funcionamiento atiende a dos factores:

- Similitud entre los parámetros de relación que maneja con las conexiones sinápticas de nuestro cerebro. El principal objetivo de las diferentes innovaciones es conseguir el nivel de entendimiento humano, mejorando los parámetros en cada versión. Así la versión GPT (Generative Pre-trained Transformer) disponía de 110 millones de parámetros, GPT-2 con 1,5 mil millones y GPT-3 con 175 mil millones. Este proceso innovador culmina con GPT-

4 y sus cerca de 100 billones de parámetros, algo impactante teniendo en cuenta que nuestra mente dispone de entre 100 y 500 billones de conexiones sinápticas. Un *chatbot* es una aplicación de *software* que se basa en la IA para poder entablar diálogos con el usuario, a través de las preguntas que éste realiza (Rudolph, J., *et al.,* 2023, p.2-3). El *Chatbot* más conocido hasta el momento es el que conocemos como *ChatGPT.*

- Modelo de lenguaje. Los *prompts* son las directrices que le damos al *chatbot* para que responda, por eso es indispensable formular correctamente las preguntas para obtener la información que necesitamos. Podríamos decir que los *prompts* son así las preguntas que formulamos: ser claros y concisos en las cuestiones, contextualizar las preguntas y emplear un lenguaje determinado. De este modo los *prompts* son secuenciales, ya que resuelven la cuestión en una secuencia de preguntas, pero también pueden ser comparativos, cuando buscamos una repuesta concreta ofreciéndole al *chatbot* una comparación entre dos conceptos. Pueden ser *prompts* argumentales, cuando buscamos una respuesta subjetiva, esto es, lo que el *chatbot* entiende sobre determinada cuestión. Podemos emitir *prompts* de perspectiva profesional, cuando les solicitamos que actúen como un profesional y que desarrolle un texto atendiendo a sus conocimientos. Por último estarían los *prompts* de lista de deseos, similar a la anterior ya que lo que le solicitamos es algún deseo o consejo que necesitamos (Morales-Chan, M., 2023, p. 2-6).

Estos dos factores biológicos, la conexión sináptica y el lenguaje, fueron las que propiciaron la evolución del ser humano en el proceso de hominización (Cela Conde, C. y Ayala, F., 2001), algo que nos debería invitar a reflexionar.

Naiara Álvarez Bernat, ha desarrollado en el presente año un Trabajo de Fin de Grado en la Universidad Jaume I de Castellón de la Plana que ha proporcionado datos muy relevantes para nuestro trabajo. Del majestuoso trabajo, vamos a rescatar para nuestro estudio el desarrollo de un cuestionario y una consulta realizada por la propia autora al *Chatbot*.

El cuestionario se desarrolló entre 75 profesores de varios centros de educación secundaria para dar a conocer la percepción de los docentes sobre el uso del *ChatGPT-3:* 15 de Educación Física, 17 de Ciencias, 18 de Lengua y 17 de Humanidades y Geografía e Historia. Según sus resultados, el 70,7% de los encuestados conoce este modelo de lenguaje y casi un 30% lo desconoce, algo a su parecer preocupante ya que es una herramienta que forma parte de nuestra actualidad y si no la conoces, difícilmente puedes detectar su uso dentro del aula. De hecho las cifras son casi coherentes ya que un 76% de los profesores ha detectado el uso de diferentes herramientas tecnológicas, no solo *ChatGPT,* para crear contenido, resolver enunciados matemáticos o hacer ejercicios de sinta-xis. El 81,3 % considera que el uso de la IA por parte de los alumnos es un riesgo para la educación sin embargo un 74,7% admite haber em-pleado algún tipo de IA para crear contenidos en sus asignaturas. Como muy bien apunta la autora, ¿será que creen que hacen un uso distinto? Por otro lado, un 18.7% de los docentes que conocen la herramienta no la considera un riesgo para la educación. En cuanto a los riesgos concretos que los encuestados pronostican, un 74,7% piensa que se mermará la falta de criterio y pensamiento crítico, un 53,3% destaca el peligro de la dependencia tecnológica y a un 42,7% le preocupa no poder distinguir entre el trabajo personal y el uso de estas herramientas en el alumnado. La mayoría de los encuestados coincide en que la IA va a modificar el sistema educativo, ya sea positiva o negativamente. Quie-nes lo consideran algo positivo, argumentan que "eliminan trabajos improductivos" e incluso que proporciona de manera inmediata cierta información. Quienes consideran el impacto negativo, que inducirá a menos esfuerzo y acabará con el pensamiento crítico o con la relación profesor-alumno, si no se tiene supervisión docente en el uso de este tipo de herramientas.

En cuanto a la información que nos proporciona la herramienta, la autora distingue entre información rápida y veracidad. Para ello hace uso del propio *ChatGPT* consultándole si toda la información que proporciona es veraz. El *chatbot* responde del siguiente modo:

> *"Como modelo de lenguaje, me esfuerzo por proporcionar respuestas precisas y útiles en función de los datos con los que fui entrenado, que abarcan hasta septiembre de 2021. Sin embargo, ten en cuenta que no puedo garantizar la veracidad absoluta de toda la información que proporciono. Aunque me esfuerzo por ser preciso, es posible que haya ocasiones en las que mi respuesta no refleje los desarrollos más recientes o que la información haya cambiado desde mi último entrenamiento. Por lo tanto, siempre es una buena idea verificar la información por tu cuenta o consultar fuentes confiables adicionales para obtener la información más actualizada y precisa."* (*ChatGPT,* 2023).

Es así evidente para Álvarez que es imprescindible utilizar nuestro propio criterio y otras fuentes para comprobar la veracidad de la información (Álvarez, N., 2023, p.23-26).

Venimos investigando el impacto de la digitalización en nuestros jóvenes, y después de los datos obtenidos, podemos plantearnos la siguiente cuestión: ¿es nuestra era digital un nuevo dogma de fe? ¿estamos asistiendo a un nuevo modelo de alienación?

Günther Anders hablaba de la *vergüenza prometeica* para definir el desprecio del ser humano hacia sí mismo por no ser una cosa o si se quiere, la desventaja de su finitud o su imperfección ante el poder de la máquina. En nuestros tiempos asistimos a la confianza plena en la Inteligencia Artificial sin mesura, como si esta fuera la panacea frente a la inmortalidad humana. Cualquier modelo digital de pensamiento o de lenguaje, virtudes para nosotros estrictamente humanas, se defiende como un inconmensurable paradigma de conocimiento sin fisuras: ni técnicamente, ni moralmente, ni ontológicamente. Algo bastante alejado de la realidad en estos aspectos, plantearemos nuestra reflexión en estos tres puntos para defender nuestra hipótesis.

Se ha comprobado que el modelo *ChatGPT* tiene mayor fluidez léxica en idiomas predominantes como el inglés (Rudolph, J., *et al.,* 2023, p. 8), una perspectiva que nos suena un tanto sesgada y que técnicamente demuestra sus limitaciones, también se ha advertido sobre el problemático uso de sus fuentes y citaciones bibliográficas. Más arriba exponíamos la propia respuesta del modelo de lenguaje sobre la veracidad de la información. Imperfecciones que, aunque los propios investigadores advierten para un correcto uso, no son tenidas en cuenta por los usuarios. Modelo de lenguaje que proporciona en cualquier caso información *útil,* inmediata pero no siempre rigurosa. Nuccio Ordine en su magnánime obra *La utilidad de lo inútil,* pone de manifiesto como el concepto de utilidad en nuestra sociedad tiene un exclusivo interés económico y persigue solo la eficacia para conseguirlo. Sin embargo, el único valor que no tiene precio es el conocimiento: el conocimiento se cultiva, no se compra. Nadie puede realizar en nuestro lugar la ardua tarea de aprender que conlleva esfuerzo, tiempo y pasión. Podemos pagar por un título o por una aplicación, pero eso no significa que nos hayamos visto afectados por el conocimiento. Recordemos además que muchas aplicaciones tecnológicas se ofrecen incluso gratuitamente, alguien en algún programa televiso en una ocasión hacia una reflexión interesante al respecto: cuando el producto se te ofrece gratis, es porque el producto eres tú. De este modo con el uso de ciertas tecnologías podemos adquirir información útil pero no un conocimiento verdadero que propicie una auténtica transformación de nuestro espíritu y nos invoque a vivir por ello apasionadamente. Por este motivo defiende *la utilidad de lo inútil,* el papel fundamental de aquellos saberes que son fines por sí mismos y que son fundamentales para el desarrollo civil y cultural de la humanidad: útil es para las humanidades aquello que nos ayuda a hacernos mejores. La experiencia artística, el teatro, la literatura, la filosofía o la historia son saberes que nos hablan de la condición humana y sus limitaciones. La concepción de la utilidad que venimos señalando en el uso de las tecnologías debería ayudarnos a reflexionar sobre los criterios que manejan nuestros adolescentes para tomar sus propias decisiones o enfrentarse al mundo: el rendimiento, la inmediatez y la eficacia quizá les esté restando posibilidades a la hora de plantearse sus propios intereses o su felicidad, o peor aún, quizá esta *vergüenza prometeica* les esté conduciendo a situaciones límite de las cuales lamentablemente no pueden escapar. Frente a esto, *epimeleia heautou*, cuidado de sí decían aquellos griegos. Se trata de una determinada forma de atención, de mirada. Saber de lo que está en juego y lo que nos jugamos en ello. Los rápidos consejos que encuentran en muchos casos en las redes sociales o en una respuesta de alguna IA es justo la antítesis de esto y es que preocuparse por uno mismo implica que uno reconvierta su mirada y la desplace desde el exterior y con los otros, desde el mundo y con el cuerpo hacia sí mismo. La preocupación por uno mismo implica cierta forma de vigilancia sobre lo que uno piensa y sobre lo que acontece en el pensamiento. El cuidado de sí hace referencia a ocuparse, cuidarse, estudiarse a sí mismo. Pero no desde una aproximación egoísta de centrarse en el pequeño yo para obtener lo mejor del mundo, esto es eficaz o inmediatamente, sino desde una perspectiva de aprendizaje continuo, de saber de nuestras carencias y nuestras faltas, que nos acompañarán siempre en nuestro destino inevitable: hacer de nuestra débil y frágil existencia una obra de arte.

Desde una perspectiva ontológica concederle a la IA nuestro bien más preciado y sagrado, el lenguaje, ya sea en la creación de contenido o en la atención a la escucha de determinados discursos en las redes sociales, no solo podría tener las consecuencias cognitivas como venimos señalando en este trabajo, ya que el uso del lenguaje es lo que articula nuestro pensamiento: insuficiencia oral y escrita en nuestros estudiantes e incapacidad de pensamiento crítico. También trae consecuencias metafísicas, les condena a encerrarles en un solipsismo existencial y epistemológico: los límites de mi lenguaje son los límites de mi mundo, decimos con Wittgenstein. Poniendo a su disposición un modelo de lenguaje de inteligencia artificial estéril y aséptico, sin invitarles a cultivar o a conceder valor a la importancia del lenguaje, les condenamos a que su mirada frente al mundo y la realidad sea reducida, escasa y pobre. No olvidemos que el lenguaje es performativo, construye realidades: lo que no se nombra, no existe. Arrojarles a la imposibilidad de tener la capacidad así de poder nombrar sus propios sentimientos o lo que les rodea es un gran peligro, así como también lo es no mostrarles la inefabilidad también de algunas cuestiones en las que solo cabe el lenguaje poético, artístico, o incluso religioso. Heidegger nos decía que el lenguaje es la casa del ser. El pensador alemán también nos invita a facilitar la escucha para huir de la ruidosa habladuría cotidiana de la existencia inauténtica y nos insta a sublevarnos con el decir poético, esto es, con otros modos de lenguaje como el artístico o la poesía para poder construir nuestra realidad. En esta estela ontológica y práctica podemos acercarnos también a Ricoeur, quien con su *cogito blessé* o *cogito herido* nos invita a buscar la verdad en el discurso. Para el pensador francés el lenguaje es fundamental, somos pura construcción narrativa: nuestra existencia individual se hace soportable cuando hacemos un relato sostenible de nosotros mismos, de nuestras experiencias. De esto tiene también mucho que decir el psicoanálisis, disciplina que se cuela entre las palabras del lenguaje para descubrir el inconsciente. En este punto, ¿Cómo podemos esperar que nuestros adolescentes puedan *ser* si les estamos restando la capacidad cognitiva y ontológica para ello?: el ser es uno y *se dice* de muchas maneras, decía Aristóteles.

Atendiendo ahora a la cuestión moral, nos parece fundamental el planteamiento de Naiara Álvarez, quien defiende que una vez más la humanidad está incurriendo en una falacia naturalista identificando el "ser" con el "deber ser": ¿se debe desarrollar la IA porque simplemente se puede hacer?, es decir, ¿es lo tecnológicamente posible humanamente deseable sin ningún tipo de cuestionamiento? (Álvarez, N., 2023, p.11). Nosotros defendemos en este trabajo que corremos entonces el riesgo de caer en una moral utilitarista, al servicio una vez más de lo útil, para dejar de lado el incontestable fin de la moralidad: la dignidad humana. No son pocas las ocasiones en que los propios investigadores de diferentes laboratorios de IA han advertido de la necesidad de establecer límites epistemológicos en este tipo de avances científicos, avances que sin duda en muchos casos han mejorado incontestablemente la calidad de nuestras vidas, demandas que sin embargo no llegan a difundirse con éxito ni política ni socialmente. Por otro lado, mencionábamos con Han cómo el uso de las tecnologías en las relaciones sociales se convierte en una situación aséptica. En nuestras conversaciones por *whatsApp* o en redes sociales estas herramientas actúan de biombos a través de los cuales se disfrazan nuestras vulnerabilidades exponiendo solo lo que queremos mostrar de nosotros mismos o incluso el lado más exitosamente social. La vulnerabilidad es precisamente la condición de posibilidad de la ética, de ahí que seamos seres sociales o políticos. En el metaverso de los videojuegos, puedes detener la acción en la partida y retomarla. En las antípodas de esto, la vida real requiere de la importancia de experimentar con el cuerpo situaciones reales, complejas o difíciles que a veces nos empujan a tomar decisiones inmediatas aunque nos lleven al fracaso, en las cuales está en juego el cuidado o la responsabilidad por nuestros semejantes. Y esta partida no se detiene, tampoco existen filtros para esconder el rostro o emoticonos para evitar palabras. Es el cuerpo con sus afectos, el que nos acerca a los demás y es ésta la verdadera matriz de nuestra moralidad, poder devolverle la mirada al Otro, decimos con Lévinas. No olvidemos que somos libres porque somos seres éticos, seres responsables.

3. Propuesta de intervención en el aula

En el siguiente apartado desarrollaremos un caso práctico de aplicación en el aula que nos ayudará a visualizar la propuesta que en este trabajo defendemos: alfabetización digital de la mano de las enseñanzas de humanidades, en este caso la asignatura de Filosofía.

Para el desarrollo de la actividad, seguiremos la programación de la asignatura según la Ley Orgánica 3/2020, de 29 de diciembre, conocida como LOMLOE, y su concreción en el Real Decreto 243/2022, de 5 de abril, por el que se establece la ordenación y las enseñanzas mínimas de bachillerato, así como el Decreto 64/2022 que ordena el currículo en la Comunidad de Madrid.

3.1. Objetivo principal y competencias específicas

Se trata de un proyecto de fin de curso que consiste en la elaboración de una página web por grupos aplicando los contenidos filosóficos y científicos aprendidos a lo largo de toda la asignatura, prestando especial atención a la importancia del rigor, tanto metodológico como en la búsqueda de información. El principal objetivo es la alfabetización digital, *competencia digital,* sin dejar obviamente de lado el resto de las competencias clave ya trabajadas a lo largo del curso. Además, con ello, podremos exponer cómo se pueden lograr los objetivos del presente trabajo: manifestar la importancia de las enseñanzas artísticas y de humanidades en la alfabetización digital y educar al alumnado en el espíritu innovador, aprender a aprender, así como el contexto de aplicación de los contenidos teóricos para un verdadero aprendizaje competencial.

De acuerdo con lo que venimos defendiendo con nuestro trabajo, es esencial que los alumnos adquieran las competencias específicas necesarias para poder desenvolverse en los medios digitales con pensamiento crítico y aprendan a hacer un correcto uso de la información, esto es, haciendo uso de los saberes básicos adquiridos en esta asignatura.

Las competencias específicas, recogidas en el Real Decreto 243/ 2022, de 5 de abril, que trabajaremos concretamente en este proyecto son:

1. Identificar problemas y formular preguntas acerca del fundamento, valor y sentido de la realidad y la existencia humana, a partir del análisis e interpretación de textos y otras formas de expresión filosófica y cultural, para reconocer la radicalidad y trascendencia de tales cuestiones, así como la necesidad de afrontarlas para desarrollar una vida reflexiva y consciente de sí.

Esta competencia específica se conecta con los siguientes descriptores del perfil de salida: CCL2, CPSAA1.2, CC1, CC3 y CCEC1.

2. Buscar, gestionar, interpretar, producir y transmitir correctamente información relativa a cuestiones filosóficas a partir del empleo contrastado y seguro de fuentes, el uso y análisis riguroso de las mismas, y el empleo de procedimientos elementales de investigación y comunicación, para desarrollar una actitud indagadora, autónoma, rigurosa y creativa en el ámbito de la reflexión filosófica.

Esta competencia específica se conecta con los siguientes descriptores del perfil de salida: CCL1, CCL2, CCL3, STEM1, CD1, CD3, CPSAA4, CC3 Y CE3.

3. Comprender las principales ideas y teorías filosóficas de los más importantes pensadores, mediante el examen crítico y dialéctico de las mismas y de los problemas fundamentales a los que éstas responden, para generar una concepción rigurosa y personal de lo que significa la filosofía, su riqueza e influencia cultural e histórica y de su aportación al patrimonio común.

Esta competencia específica se conecta con los siguientes descriptores del perfil de salida: CCL2, CC1, CC3 y CCEC2.

4. Adquirir una perspectiva global, sistémica y transdisciplinar en el planteamiento de cuestiones fundamentales y de actualidad, analizando y categorizando sus múltiples aspectos, distinguiendo lo más substancial de lo accesorio e integrando información e ideas de distintos ámbitos disciplinares desde la perspectiva fundamental de la filosofía, para tratar problemas complejos de modo crítico, y transformador.

Esta competencia específica se conecta con los siguientes descriptores del perfil de salida: CCL2, CCL3, CPSAA4, CC1, CC3, CC4 y CCEC1.

5. Analizar problemas éticos y políticos fundamentales y de actualidad, mediante la exposición crítica y dialéctica de distintas posiciones filosóficamente pertinentes en la interpretación y resolución de los mismos, para desarrollar el juicio propio y la autonomía moral.

Esta competencia específica se conecta con los siguientes descriptores del perfil de salida: CCL5, CPSAA1.2, CC1, CC2, CC3, CC4 y CE1.

6. Desarrollar la sensibilidad y la comprensión crítica del arte y otras manifestaciones yactividades con valor estético mediante el ejercicio del pensamiento filosófico acerca de la belleza y la creación artística, para contribuir a la educación de los sentimientos y al desarrollo de una actitud reflexiva con respecto al lenguaje y sentido de las imágenes.

Esta competencia específica se conecta con los siguientes descriptores del perfil de salida: CPSAA3.1, CC2, CC3, CCEC2, CCEC3.1 y CCEC3.2.

Así mismo, se pretende promover el afán de investigación de los alumnos enseñándoles a familiarizarse con fuentes diferentes fuentes de información, así como el uso de herramientas tecnológicas para elaborar sus propias técnicas de estudio: infografías, *power points, kahoots,* crucigramas, etc.

La razón por la cual se plantea en el último trimestre del curso, dedicado al bloque de Ética, Política y Estética, es poder evaluar holísticamente la asimilación de los contenidos teóricos de la programación del curso acercando a los estudiantes a un entorno real en el cual puedan aplicarlos, despertando a la vez su entusiasmo por el conocimiento de esta asignatura.

En los bloques anteriores, primer y segundo trimestre, han aprendido cómo funciona la ciencia y la filosofía: metodología, argumentación, falacias y límites del conocimiento. También han tenido acercamiento al pensamiento especulativo en cuestiones como la verdad, apariencia y realidad, y se han aproximado al saber metafísico con la razón poética y las creencias religiosas.

El tercer trimestre está dedicado a la adquisición del saber sobre la condición moral del ser humano y las diferentes propuestas éticas, así como su insociabilidad de la Política. También aprenderán a manejar los diferentes modos de lenguaje y representación que podemos encontrar en las diferentes disciplinas artísticas, que se deben experimentar con el cuerpo a través de experiencias estéticas fuera del aula y que son fundamentales para la formación de la facultad humana.

A partir de estos conocimientos adquiridos durante el curso y creando un contexto de aplicación, se busca despertar el interés por el método y la investigación, es decir, la adquisición de pensamiento crítico que les ayude a reforzar su autonomía. Además animaremos a los estudiantes a que sus páginas web sean públicas para que puedan ser consultadas y visualizadas por sus familiares o amigos. Con esto último, trataremos de trabajar la percepción que tienen de sí mismos, que aprendan a valorar su propiedad intelectual. Además, observando los datos que hemos expuesto en el presente trabajo, sabemos que los adolescentes utilizan las redes sociales como altavoz para expresarse y mostrarse, este proyecto les ayudará a encontrar otro modo de mostrarse públicamente a través de un entorno muy singular y distinto al que están acostumbrados habitualmente en estos medios: el conocimiento. Se pretende con ello reforzar la estima de los individuos acercándolos al saber y haciéndoles sentir verdaderos sujetos de su producción intelectual.

Teniendo como caso concreto nuestra especialidad, Filosofía, plantearemos como la tan reclamada competencia digital, fundamental para una generación de individuos que son nativos digitales, puede ser trabajada en esta asignatura. En este sentido, podemos conectar esta competencia clave con su especificidad en buscar, gestionar, interpretar, producir y transmitir correctamente información relativa a cuestiones filosóficas a partir del empleo contrastado y seguro de fuentes, el uso y análisis riguroso de las mismas, y el empleo de procedimientos elementales de investigación y comunicación, para desarrollar una actitud indagadora, autónoma, rigurosa y creativa en el ámbito de la reflexión filosófica (competencia específica). La reflexión filosófica no solo cuenta con recursos analógicos, como la comprensión lectora o redactora, sino que puede mostrar un conocimiento práctico de los procedimientos elementales de la investigación filosófica a través de tareas como la identificación de fuentes fiables, la búsqueda eficiente y segura de información, y la correcta organización, análisis, interpretación, evaluación, producción y comunicación de ésta, tanto digitalmente como por medios más tradicionales (criterios de evaluación señalados en la actual legislación). Las referencias curriculares señaladas aquí son el Real Decreto 243/2022 y el Decreto 64/2022, de 20 de julio, para la Comunidad de Madrid. En este sentido, se puede trabajar el juicio propio y la autonomía de criterio para enseñarles a hacer un uso responsable y crítico de la inmensidad de fuentes que puedan encontrar en el mundo digital. Las actividades propias en nuestra propuesta para este desarrollo estarían enfocadas a:

- Aprender a fundamentar bibliográficamente sus producciones siguiendo determinados protocolos de rigurosidad a la hora de elaborar sus propios trabajos, ya sean analógicos o audiovisuales, de comunicación pública. Esta capacidad puede trabajarse mediante comentarios de textos y videos o disertaciones en las que cada individuo deba defender sus propios argumentos, citando adecuadamente sus fuentes

- Desarrollar la capacidad de análisis, interpretación y evaluación crítica de documentos o fuentes, corroborando su veracidad siguiendo los criterios establecidos en el anterior punto. Aquí se hace fundamental promover el trabajo investigador sobre alguna cuestión concreta, aprendiendo a buscar información corroborable y desarrollando la capacidad de someter a crisis las informaciones que puedan encontrar en internet, propiciando con ello la búsqueda eficiente y segura de información

- Detectar y evitar formas dogmáticas o falaces de sostener opiniones e hipótesis, a través de la explicación de la naturaleza de dichos modos de argumentación

Esta propuesta de intervención en el aula podría hacerse extensible a otros saberes como Historia, Literatura o Enseñanzas artísticas, saberes considerados menores en estos tiempos y que nosotros defendemos como el estandarte principal de la alfabetización digital.

3.2. Situación de aprendizaje

Como venimos señalando, el trabajo en este proyecto servirá para afianzar los conocimientos de todo el curso y para fomentar el trabajo en grupo, la puesta en común de ideas y la labor investigadora.

La tarea consiste específicamente en:

- Analizar la dimensión metodológica y rigurosa de la información que rodea cotidianamente a los estudiantes en los medios digitales
- Reflexionar a través del arte contemporáneo sobre la acción humana, la libertad y las normas

- Analizar la dimensión moral de ser humano utilizando noticias de actualidad y fomentar el ejercicio de la argumentación por medio de la escritura
- Utilizar herramientas digitales para el estudio
- Investigar, pensar y compartir el conocimiento en redes sociales

La clase se dividirá en grupos de cinco personas para trabajar en la elaboración de una *webquest,* este proyecto pretende despertar su capacidad creativa para elaborar contenidos teóricos y digitales. Hemos desarrollado nuestra propia *webquest*[2] para que los alumnos tengan un ejemplo de referencia y puedan encontrar los recursos que hemos elaborado para facilitarles el desarrollo de las diferentes actividades que deben realizar a través de su propia página. Además, está pensada también para que el alumnado pueda contactarnos directamente a través de la misma y plantear sus dudas, ya que el desarrollo de la actividad tendrá lugar la mayor parte del tiempo fuera del horario lectivo. De este modo, interactuaremos académicamente en un entorno digital además de en clase.

A continuación, haremos una breve exposición descriptiva de la página que hemos diseñado.

En el apartado *Recursos,* encontrarán varias presentaciones *Power Point* explicativas para el desarrollo de las diferentes actividades que deben elaborar en su *webquest,* contenidos teóricos del tercer trimestre que deben trabajar y utilizar para las mismas y enlaces a páginas para el desarrollo de la actividad relacionada con el arte.

Hemos elaborado los apartados *Tarea, Proceso* y *Evaluación* utilizando información directa y visual para que vayan encontrando en su visita a nuestra página las explicaciones que les ayuden a tener de una manera concisa, clara y evidente cuales son los objetivos y los criterios de evaluación de este proyecto.

---

[2] El enlace a nuestra *webquest* modelo está disponible en: https://nuriaromangonzalez.wixsite.com/my-site

Desarrollaremos ahora las pautas específicas para desarrollar la situación de aprendizaje.

En el proyecto sintetizaremos los contenidos del último bloque de la asignatura, *Acción y creación,* haciendo uso de las herramientas metodológicas que hemos ido adquiriendo a lo largo del curso. Por esa razón se trata de realizar una actividad, elaboración grupal de una *webquest,* que englobe a su vez varias actividades individuales y cuya realización de cuenta de lo aprendido a lo largo del curso (actividades 2, 3, 4, 5 y 6).

La *webquest* debe contener varios apartados o ventanas dedicadas a cada actividad específica que detallaremos a continuación, y que a su vez contendrán las actividades elaboradas individualmente por cada uno de los cinco alumnos del grupo. Como es importante que disfrutemos y despertemos su capacidad creativa, no daremos directrices específicas en cuanto a la forma o a la estética: pueden nombrar o titular los apartados como consideren oportuno.

El planteamiento de las actividades sería el siguiente:

- Actividad 1: El grupo trabajará conjuntamente en la elaboración creativa de la página correctamente estructurada.

- Actividad 2: Detección de falacias. En el segundo trimestre, correspondiente al bloque *Conocimiento y realidad*, aprendieron qué son las falacias y sus tipos, esto es la   inherente relación del razonamiento con la argumentación.
La actividad consiste en buscar cinco ejemplos de argumentos falaces en la prensa, en redes sociales o en Internet e identificar cada tipo de falacia. Es importante la citación de las fuentes que se utilizan y justificar las respuestas.

- Actividad 3: Análisis de información. En el segundo trimestre, correspondiente al bloque *Conocimiento y realidad*, abordamos el problema filosófico del conocimiento y la verdad: qué es la verdad atendiendo a los diferentes criterios de certeza y sus correspondientes tipos, culminando con la desinformación y el fenómeno de la "posverdad". Analizamos estas cuestiones a través del lenguaje, su articulación del pensamiento y su relación con el mundo, así como diferentes modos de manipulación de la realidad a través de esta herramienta humana. Aprendieron la cuestión de la naturaleza última de la realidad a través del problema de lo real: la cuestión apariencia y realidad, y la cuestión de lo real y lo virtual.

La actividad consiste en revisar dos noticias que aborden temas diferentes y determinar si presentan la información de manera imparcial o sesgada, es decir, pretenden modelar la opinión de sus lectores o seguidores. Las fuentes pueden ser de prensa, redes sociales, podcast, publicidad, etc. Deben identificar qué elementos de la noticia les hacen pensar que existe manipulación o por qué motivo la información les resulta clara y evidente.

- Actividad 4: Aprendemos jugando. La actividad consiste en realizar una actividad lúdica utilizando algún artefacto digital para trabajar los contenidos del tercer trimestre: pueden ser crucigramas, sopas de letras o cualquier otro tipo de actividad lúdica. Les proponemos tres enlaces para que puedan acceder a páginas donde elaborar sus artefactos digitales.

- Actividad 5: Mapa conceptual o infografía. La filosofía es un saber que relaciona constantemente sus contenidos y maneja un vocabulario muy abstracto. El uso de mapas conceptuales es fundamental para poder asimilarlos estructurándolos visualmente. Es una eficiente herramienta de técnica de estudio.

La actividad consiste en realizar una infografía o un mapa conceptual de los temas del tercer trimestre: Ética, Política y Estética. Para ello se utilizará el artefacto digital *Canva*.

- Actividad 6: Blog. Las disertaciones son un ejercicio habitual e imprescindible en nuestra asignatura para desarrollar la expresión oral y escrita. El empleo de un vocabulario técnico-filosófico y la articulación del pensamiento a través del lenguaje es esencial para adquirir capacidad argumentativa y reflexiva. Mencionábamos en la presentación de nuestro proyecto la importancia de manejar los diferentes modos de lenguaje y representación que podemos encontrar en las diferentes disciplinas artísticas, por lo que esta actividad estará dedicada también a ese ámbito.

La actividad consiste en elaborar un blog en el que cada persona publicará su disertación individual sobre dos cuestiones. Se trata de elaborar una reflexión escrita atendiendo a los contenidos del tercer trimestre. Para ser más específicos y facilitarles el trabajo les hemos desarrollado dos presentaciones *Power Point* que sintetizan tanto el vocabulario que deben emplear y desde donde deben reflexionar como los pasos que deben seguir para desarrollar ambas disertaciones, disponibles en la pestaña *Recursos*.

La primera disertación es sobre el siguiente planteamiento: ¿En qué consiste ser una buena persona?

La segunda disertación es sobre una instalación artística. Hemos seleccionado dos obras de arte contemporáneo para que cada estudiante seleccione la que prefiera y trabaje con ella reflexionando en su contemplación. Los enlaces a las obras están disponibles en la pestaña *Recursos*.

3.2.1. Metodología y temporalización

La metodología didáctica en el Bachillerato debe favorecer la capacidad del alumnado para aprender por sí mismo, trabajar en equipo y aplicar los métodos apropiados de investigación, siendo fundamental subrayar la relación de los aspectos teóricos que se aprenden en la materia con sus aplicaciones prácticas.

Las cuestiones de actualidad en medios digitales se plantean para poder analizarlas desde una perspectiva filosófica cotejando información de diferente procedencia o multidisciplinar. Así, el conjunto de procedimientos que hemos planteado constituye un eficaz dispositivo práctico para el análisis de la actualidad a través de los conocimientos adquiridos.

Por esta razón, es fundamental combinar diferentes estrategias en el aula, analógicas y digitales, para que los alumnos trabajen con fuentes de diverso formato que les introduzca además en la técnica básica de investigación científica, teniendo especial énfasis el uso de la indagación TIC (Tecnologías de Información y Comunicación).

En cuanto a la temporalización para la realización de la actividad, se localizará en el tercer trimestre de la asignatura.

La carga lectiva semanal de la asignatura son tres horas lectivas de 50 minutos cada una, dos de ellas las dedicaremos a clases magistrales y contenidos teóricos correspondientes a los saberes básicos y la tercera se destinará a una sesión práctica, en la que aprenderemos a elaborar comentarios de texto y otro tipo de actividades que les ayudará al desarrollo del proyecto que hemos planteado: disertaciones, comentarios de texto, mapas conceptuales, etc. Por lo tanto, habrá una hora lectivo semanal dedicada a esta actividad.

En la primera semana del trimestre dedicaremos esa sesión práctica a la explicación del desarrollo del proyecto y a la presentación de nuestra *webquest* para que se familiaricen con ella y entiendan con claridad en qué consiste el proyecto que deben elaborar. A partir de entonces, la elaboración de la actividad la llevarán a cabo fuera del horario lectivo, atendiendo sus posibles dudas a través del contacto de nuestra página web, dedicando si fuera necesario alguna de las clases prácticas para algunas cuestiones específicas.

Desde el comienzo del trimestre podrán trabajar en la elaboración de las tres primeras actividades ya que apelan a los contenidos de bloques anteriores. La actividad 4 también pueden ir elaborándola a lo largo del curso.

Las actividades 5 y 6 podrán comenzar a elaborarlas cuando hayamos trabajado la totalidad de los contenidos curriculares. Por este motivo en la última semana de clase dedicaremos las tres horas lectivas semanales al desarrollo de las mismas, ya que pueden trabajar analógicamente en el aula su contenido teórico y trabajar después en el medio digital fuera del horario lectivo. De este modo podemos estar atentos a sus dudas y ayudarles a agilizar su proceso.

3.2.2. Materiales y recursos

Es importante trabajar con Jefatura de Estudios la cuestión de los recursos para superar una posible brecha digital, el uso del aula TIC fuera del horario lectivo y el servicio de préstamo de ordenadores es necesario para aquellos estudiantes que no tengan recursos digitales.

Como venimos señalando, hemos elaborado nuestra propia *webquest* para que dispongan de todos los recursos que necesitan para elaborar el proyecto y a modo de ejemplo o referencia, así como un apartado para que puedan contactar con nosotros y plantear sus dudas en cualquier momento. Se fomentará el trabajo en grupo y la búsqueda de información en medios TIC y la utilización de los contenidos de la asignatura como herramientas para el desarrollo de las actividades.

Se establecerán medidas de apoyo al alumnado con dificultades específicas de aprendizaje, en colaboración con el departamento de Orientación. Cabe tener en cuenta que el alumnado no solo tiene diferentes capacidades sino diferentes motivaciones, intereses, conocimientos previos sobre la materia o diferente nivel de implicación, cada cual cuenta con un estilo diferente de aprendizaje. Dar respuesta a esta diversidad no es tarea fácil, pero la variedad de actividades con distinto nivel de dificultad y el trabajo en equipo permiten la adaptación a las diversas capacidades, intereses y motivaciones. Es muy importante que el docente preste especial atención a la corrección de actividades para detectar las diferentes problemáticas.

3.2.3. Criterios de evaluación

El trabajo en proyectos de este tipo sirven para afianzar conocimientos por eso está previsto al final de un trimestre. Dependiendo de la envergadura de los proyectos, pueden puntuar como trabajo de aula o como prueba objetiva. En este caso, la evaluación del tercer trimestre constará de dos partes cuya nota se ponderará en los 10 puntos del proceso evaluador del alumno de la siguiente manera:

- Prueba objetiva: examen escrito. En la elaboración del proyecto, al ser una actividad grupal y que se desarrolla fuera del horario lectivo, es importante como docentes tener la certeza de que cada alumno ha desarrollado sus actividades atendiendo a sus conocimientos y ha adquirido las competencias específicas. Esta herramienta nos ayudará a dilucidar los conocimientos teóricos de cada alumno y que haya correspondencia con lo que ha desarrollado en la *webquest*. Esto tendrá lugar mediante un examen teórico y ponderará el 50% de la nota final.
- Elaboración del proyecto. Ponderará el 50% de la nota final.

Es imprescindible haber obtenido la calificación de 5 puntos en ambas partes para poder aprobar el trimestre. Dada la envergadura del proceso evaluador de este trimestre, si algún estudiante ha suspendido alguna otra evaluación y supera las dos actividades de ésta, aprobará la asignatura.

El proyecto se evaluará sobre una nota numérica de 10, cuyos criterios de evaluación y ponderación específica desarrollaremos a continuación.

En las actividades individuales se prestará atención a los siguientes parámetros para su evaluación:

- Capacidad para observar contenidos simbólicos no lingüísticos o artísticos y análisis de fuentes filosóficas que guarden relación con ellos. Nota numérica ponderada: 2 puntos.
- Uso de vocabulario específico, filosófico y artístico, y rigor metodológico: citación de fuentes y no incurrir en el plagio o en el uso de herramientas digitales para la elaboración de contenido. Nota numérica ponderada: 2 puntos.
- Argumentación y capacidad de síntesis, es decir, se valorará la madurez del lenguaje. Nota numérica ponderada: 2 puntos.
- Actitud investigadora o búsqueda de fuentes rigurosas. Nota numérica: 2 puntos.

En la elaboración grupal de la página se evaluará con atención tanto la capacidad creativa del diseño como la estructura de sus contenidos, es decir, debe atender a criterios estéticos y prácticos. La nota numérica ponderada serán 2 puntos.

Se penalizarán las faltas de ortografía, -0.25 puntos de la nota final por cada una de ellas.

4. Conclusiones

Atendiendo a los datos de las diferentes fuentes que hemos expuesto en este trabajo deberíamos cuanto menos alarmarnos. Dificultades para mantener la atención, deterioro de la capacidad lectora-redactora, vago desarrollo del pensamiento crítico, todas ellas consecuencia de la sobreestimulación producida por un golpe de *click*. Si bien es cierto que la digitalización puede ofrecernos muchas ventajas y posibilidades, no podemos perder de vista que para que esto sea así es completamente necesaria una alfabetización digital, algo que no está ocurriendo en nuestras aulas. La legislación vigente menciona, no en pocas ocasiones, la importancia de la competencia digital, pero la realidad es que en los centros educativos no se dispone de los medios ni los recursos suficientes para ello. Tal y como indican los testimonios de los diferentes especialistas que hemos mencionado en nuestro marco teórico, priorizar la competencia digital dejando a un lado la importancia de la pedagogía es un error: la normativa nos indica el qué, pero no nos dice cómo. Destacamos al respecto la deshumanización de la figura del maestro como autoridad del saber en favor de una pedagogía que señala a la emoción como un fin en sí mismo y no como un medio para el conocimiento, corriendo el riesgo de convertir a nuestros alumnos en sujetos pasivos dependientes de estímulos para poder motivarse. Pedagogía que responde a nuestra era tecnológica, estímulos instantáneos, que implica que nuestro alumnado se relacione con la tecnología sin mediación alguna, esto es, sin el carácter necesario para ello. Venimos enunciando en este trabajo que el pensamiento crítico y la autonomía se cultivan y no funcionan a golpe de *click*, y no son sin duda mera emoción. Como conclusión planteamos: ¿Podemos entonces sorprendernos de que nuestros jóvenes encuentren serias dificultades a la hora de elegir qué quieren estudiar o cual quieren que sea su futuro profesional? Sin duda consecuencias de esta sobreestimulación como el colapso de la memoria de trabajo o la dificultad para identificar lo relevante, están haciendo mella en las capacidades volitivas de nuestros jóvenes, quienes sometidos a una sobredosis de información se ven envueltos en una marea que les conduce al abismo. De este modo, observando los datos de nuestra investigación, podríamos defender aquí que la figura de un maestro y sus clases magistrales son cruciales en la educación de nuestros jóvenes. Es completamente necesaria una correcta formación previa para poder utilizar los recursos digitales. A los docentes se les exige actualmente formación en competencia digital, sin embargo, no preocupa tanto la incompetencia lectora o redactora de nuestros alumnos. Como decíamos en otro lugar, el maestro seduce con el arte de la palabra y es figura de autoridad por su conocimiento. Precisamente es necesario que los estudiantes se acerquen a otros medios que no son los cotidianos cuando van a la escuela, hablamos de recursos analógicos. Por todo ello, la metodología empleada en las aulas debería estar concebida, tal y como hemos planteado en nuestra propuesta de intervención en el aula, como una composición híbrida de recursos, tanto *Low Tech* como *High Tech*:

- Recursos *High Tech*: Es fundamental para los docentes conocer el medio habitual en el cual se maneja el alumnado, así como permitirles servirse de las herramientas que cotidianamente utilizan estos nativos digitales. Esto nos permitirá además trabajar constantemente una cuestión tan esencial como es la alfabetización digital, aprendiendo criterios de metodología rigurosa en búsqueda de información. La utilización de estos recursos en el aula es ineludible para el desarrollo de la competencia digital y un correcto uso de la información.
- Recursos *Low Tech*: El dominio del lenguaje, la expresión oral y escrita, es esencial para el desarrollo del pensamiento crítico y la capacidad de abstracción, así como un elemento ineludible para nuestra relación social. Este carácter ético y metodológico de la

palabra solo puede ejercitarse mediante recursos analógicos que tienen que ver con la interacción directa en clase y con actividades dedicadas a la lectura y a la escritura. También se hace fundamental manejar los diferentes modos de lenguaje y representación que podemos encontrar en las diferentes disciplinas artísticas, y que se deben experimentar con el cuerpo a través de experiencias estéticas fuera del aula. Es necesario que experimenten otros modos de entender el mundo que desconozcan o a los cuales no estén habituados. "Los límites de mi lenguaje son los límites de mi mundo", decimos con Wittgenstein.

Por esta razón consideramos cumplido el objetivo de nuestro trabajo: el papel de las enseñanzas de humanidades es crucial para esta alfabetización digital. Los centros más elitistas y su "*LowTech, High-Play*" ponen especial énfasis en las facultades docentes y en recursos analógicos que despierten la capacidad de pensamiento crítico en sus alumnos. Siguiendo a Lisa Babinet, profesora de matemáticas en el Waldorf School of the Penisnula de California: "lo que engancha a los estudiantes son los buenos maestros y la buena enseñanza" (Babinet, L. 2020) solo así podemos despertar la curiosidad por el conocimiento. Con nuestra propuesta de intervención en el aula, hemos planteado un contexto de aplicación que permite exponer cómo es posible abordar un verdadero aprendizaje competencial sin renunciar a los contenidos teóricos y a las clases magistrales que se ofrecen en nuestra asignatura. Contexto de aplicación extensible a otros saberes como Historia, Literatura o Enseñanzas artísticas, saberes considerados menores en estos tiempos y que nosotros defendemos como el estandarte principal de la alfabetización digital para unos nativos digitales.

Así las cosas, en la era digital nuestro reto contemporáneo es una adecuada alfabetización que no debemos identificar únicamente con la destreza técnica sino con la ineludible necesidad de formar a nuestros jóvenes en los saberes que puedan forjar su carácter, este es el objetivo último de las enseñanzas artísticas y de humanidades. Como en tantos lugares dice Riccardo Massa, educar para humanizar la vida. De acuerdo con lo que venimos defendiendo con nuestro trabajo, es esencial que los alumnos adquieran las competencias específicas necesarias para poder desenvolverse en los medios digitales con pensamiento crítico y aprendan a hacer un correcto uso de la información, esto es, haciendo uso de los saberes básicos adquiridos en las enseñanzas artísticas y de humanidades. Solo así podremos evitar el malestar y la alienación digital de nuestros jóvenes que muestran los datos científicos, por la influencia de la sobreinformación en sus capacidades volitivas y en su desarrollo personal.

5. REFERENCIAS BIBLIOGRÁFICAS

Álvarez Bernat, Naiara. 2023. *Los riesgos de la inteligencia artificial en la educación: el caso del ChatGPT* (TFG). Universitat Jaume I, Castellón de la Plana.
https://repositori.uji.es/xmlui/bitstream/handle/10234/203577/TFG%20_2023_%C3%81lvarez_Bernat_Naiara.pdf?sequence=1

Andrade, B., Guadix, I., Rial y Suárez, F. (2021). *Impacto de la tecnología en la adolescencia. Relaciones, riesgos y oportunidades.* Madrid: UNICEF España.
https://lc.cx/Tg1nkF

Arendt, H. (2016). *La condición humana.* Barcelona: Paidós.

Aristóteles (2013). *Metafísica.* Madrid: Espasa libros.

Banda Gamboa, H. A. (abril de 2014). *Inteligencia artificial: Principios y Aplicaciones.* Escuela Politécnica Nacional. Quito.
https://www.researchgate.net/publication/262487459_Inteligencia_Artificial_Principios_y_Aplicaciones

Barthes, R. (1990). *La cámara lúcida.* Barcelona: Paidós.

Blasco, L. (4 de febrero de 2021). Nicholas Carr: "Nos estamos volviendo menos inteligentes, más cerrados de mente e intelectualmente limitados por la tecnología". *BBC News Mundo.*
https://www.bbc.com/mundo/noticias-55856164.amp

Botta Sampietro M., Mora Pereira, Y. E (2016). Alan Turing: un genio desconocido". *Actas del 6º Congreso Uruguayo de Educación Matemática,* 263-274.
http://funes.uniandes.edu.co/18053/1/Botta2016Alan.pdf

Cela Conde, C. J. y Ayala, F. J. (2001). *Senderos de la evolución humana.* Alianza Editorial.

EFE (27 de febrero de 2021). Los mejores profesores de España apelan a la empatía y la motivación. *El Ideal Gallego.*

https://www.elidealgallego.com/texto-diario/mostrar/2733483/mejores-profesores-espana-apelan-empatia-motivacion

Galindo, C. (25 de julio de 2018). Inger Enkivst: "La nueva pedagogía es un error. Parece que se va a la escuela a hacer actividades, no a trabajar y estudiar". *El País semanal.*
https://www.google.es/amp/s/elpais.com/elpais/2018/07/17/eps/1531826084_917865.amp.html

Han, B.- C. (2021). *No-cosas.* Barcelona: Taurus.

Heidegger, M. (1990). *De camino al habla.* Barcelona: Serbal.

Instituto Nacional de Evaluación Educativa.
https://www.educacionyfp.gob.es/inee/evaluaciones-internacionales/pisa/pisa-2018/pisa- 2018-informes-es.html

Marcuse, H. (1985). *El hombre unidimensional.* Barcelona: Planeta.

Millet, E. (8 de febrero de 2021). ¿Por qué es importante que los niños se equivoquen?. *La Vanguardia.*
https://www.lavanguardia.com/magazine/experiencias/20210208/6225174/importante-ninos-equivoquen.amp.html

Ministerio de Sanidad. Estrategia de Salud Mental del Sistema Nacional de Salud, Período 2022-2026. Consultado el 14 de octubre del 2022.
https://www.consaludmental.org/publicaciones/Estrategia-Salud-Mental-2022-2026.pdf

Morales-Chan, M.A. (24 de febrero de 2023). *Explorando el potencial de ChatGPT: una clasificación de Pormpts efectivos para la enseñanza.* Galileo University. Guatemala.
http://biblioteca.galileo.edu/tesario/handle/123456789/1348

Observatorio de la Juventud en Iberoamérica. (31 de mayo de 2023). *Sondeo flash: ¿Por qué estudiamos?.*
https://oji.fundacion-sm.org/sondeo-flash-por-que-estudiamos/

Ordine, N. (2013). *La utilidad de lo inútil. Manifiesto.* Barcelona: Acantilado.

Recalcati, M. (2016). *La hora de clase. Por una erótica de la enseñanza.* Barcelona: Anagrama.

Ricoeur, P. (1991). *Los caminos de la interpretación.* Barcelona: Anthropos.

Rilke, R. M. (2016). *Los apuntes de Malte Laurids Brigge.* Barcelona: Alba Editorial.

Rodríguez, P. (3 de febrero de 2020). En Silicon Valley no quieren tecnología en las aulas de sus hijos (apuntes para la reflexión). *Telos.* https://telos.fundaciontelefonica.com/la-cofa/los-de-silicon-valley-no-quieren-tecnologia-en-las-aulas-de-sus-hijos-apuntes-para-la-reflexion/

Royo, A. (11 de septiembre de 2019). Profesores y amor al conocimiento. *El Mundo.* https://amp.elmundo.es/opinion/2019/09/11/5d7796ccfc-6c832e0e8b4616.html?__twitter_impression=true

Rudolph, J., Tan, S. y Tan S. (24 de enero de 2023). ChatGPT: bullshit spewer or to end of traditional assessmentes in higher educacion?. *JALT: Journal of Applied Learning & Teaching.* Vol. 6 (1), 1-22. https://doi.org/10.37074/jalt.2023.6.1.9

Seoane, A. (5 de julio de 2021). El SOS de la educación: hablan los profesores. *El Cultural.* https://www.elespanol.com/el-cultural/letras/20210705/sos-educacion-hablan-profesores/594192076_0.html

Sin autor. (lunes 29 de marzo de 2021). El nuevo curriculum escolar: menos saberes enciclopédicos y más saber hacer. *Magister.* https://www.magisnet.com/2021/03/el-nuevo-curriculo-escolar-menos-saberes- enciclopedicos-y-mas-saber-hacer/

Spinoza, B. (2007). *Ética demostrada según el orden geométrico.* Madrid: Tecnos.

Vázquez López, P., Armero Pedreira, P., Martínez-Sánchez, L., García Cruz, J.M., Bonet de Luna, C., Notario Herrero, F., Sánchez Vázquez, A.R., Rodríguez Hernández, P. J., Díaz Suárez, A. (marzo de 2023). Autolesiones y conducta suicida en niños y adolescentes. Lo que la pandemia nos ha desvelado. *Anales de Pediatría*, Vol. 98 (3), 204-212. https://doi.org/10.1016/j.anpedi.2022.11.006

Wittgenstein, L. (2012). *Tractatus logico-philosophicus.* Madrid: Alianza Editorial.

6. ANEXO

"(…) Para escribir un solo verso es necesario haber visto muchas sociedades, hombres y cosas; hace falta conocer a los animales, hay que sentir cómo vuelan los pájaros y saber qué movimiento hacen las florecitas al abrirse por la mañana. Es necesario poder pensar en caminos de regiones desconocidas, en encuentros inesperados, en despedidas que, hacía tiempo se veían llegar; en días de infancia cuyo misterio no está aún aclarado; (…) en mañanas al borde del mar, en la mar misma, en mares, en noches de viaje que temblaban muy alto y volaban con todas las estrellas (…). Es necesario tener recuerdos de muchas noches de amor, en las que ninguna se parece a la otra (…). Es necesario haber estado al lado de moribundos, haber permanecido sentado junto a los muertos, en la habitación, con la ventana abierta y los ruidos que vienen a golpes. Y tampoco basta tener recuerdos. Es necesario saber olvidarlos cuando son muchos, y hay que tener la paciencia de esperar que vuelvan. Pues los recuerdos mismos, no son aún esto. Hasta que no se convierten en nosotros, sangre, mirada, gente, cuando ya no tienen nombre y no se les distingue de nosotros mismos, hasta entonces no puede suceder que, en una hora muy rara, del centro de ellos se eleve la primera palabra de un verso."

Los apuntes de
Malte Laurids Brigge

Rainer Maria Rilke

Published
in November
2024

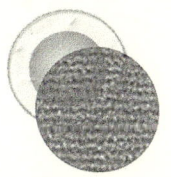

Faber & Sapiens